頭の回転が速くなる

速読×記憶術トレーニング

Fast reading × mnemonics training

川村明宏　川村真矢
Akihiro Kawamura　Shinya Kawamura

日本実業出版社

プロローグ

アメリカでも実証済みの「川村式速読トレーニング」の効果

◉「速読はむずかしい」という誤解

速読というと「超能力のような力」を身につけるものだと思い込んでいる人がいます。

「文庫本1冊くらいなら昼休みに読み切れるよ」と豪語する人がいる一方で、そんな話を聞いて、かつてスプーン曲げで有名になったユリ・ゲラーのような〝超能力者〟を思い浮かべる人が少なくないのです。

最初にはっきり申し上げておきます。これは、速読に対する誤解の最たるものです。

速読は、用具を買って練習を積めば楽しめるようになるスポーツと同様に、私たちにとって、ごく身近な能力なのです。

本書を手に取るまで「速読」という言葉を聞いたことがない、という方はまずいないと思います。書店の店頭や新聞紙上、最近ならインターネットで「速読」という言葉を何度となく目にしたことがあるはずです。

ただし、言葉そのものは見たり聞いたりしたことがあっても、「速く読めたからといって、理解できることはかぎられているし、知識が確実に身につくなんてあり得ない。仮にあったとしても、自分にそんなことができるはずがない」と思って、いわば〝食わず嫌い〟を通してきた人がたくさんいるのではないでしょうか。

速読への誤解が世の中の常識と化しているようなところがありますから、それも無理からぬことかもしれません。でも、「常識＝真実」であるとはいえないことが、世の中にはいっぱいあります。

速読は超能力ではありません。正しい知識にもとづいて、正しいトレーニングを積めば、ごく普通の人でも身につく能力なのです。そして、速く読めば読むほどに頭の回転がよくなり、理解度もアップする。人間の頭は、そんなふうにできています。

なぜ、そんなことが可能なのか。

速読は、簡単な訓練で誰にでも身につくものです。やってみればわかりますが、苦労らしい苦労は伴いません。ただし、必要なものが一つあります。それは、「速読ができるようになりたい」という熱意です。

小学校にあがったばかりの男の子でも、遊び感覚でボール投げをしたりしているうちに、野球というスポーツに参加できるようになっていきます。自転車だって、乗れないうちはものすごくむずかしいように感じますが、練習して何度か転んだりするうちに乗るコツがわかってきます。

水泳だって、そうじゃないですか。カナヅチといわれていた人も、ちょっとスイミングスクールに通って、正しい泳ぎ方の指導を受けると泳げるようになりますよね。

速読も、実は同じなのです。違うのはスポーツが体を動かすのに対し、速読は脳を活性化するということ。これまで速読というものをまったく知らなかった人でも、正しい訓練さえ少しずつ積んでいけば、100パーセント実践できるようになります。

◉英語版速読術はアメリカでシェア、ナンバーワン

簡単に自己紹介させていただきます。

私は「速脳研究会」という団体を設立し、30年以上にわたって「速憶・記憶術」に関する研究と普及活動を行なってきました。これまでにコンピュータソフトや速読術の関連書籍を、累計100コンテンツ以上発表しています。

そして国内にとどまらず、アメリカをはじめとした海外での普及・提携活動も積極的に展開しており、開発に4年を要した英語版速読術「ｅｙｅＱ」（67ページ参照）は現在、アメリカ国内における速読術等、能力開発関係の著作物市場でナンバーワンのシェアを有しています。

そもそも私の専門分野は、「速脳」「速脳速読」「速脳速聴」「速読術」などの能力開発であり、日本およびアメリカで特許を多数取得しています。そのほかテレビ、新聞、雑誌などのメディアのほか、大学・研究機関および一般の方が対象の講演活動も行なっています。任天堂ＤＳ「目で右脳を鍛える速読術」シリーズで私の名を記憶されている方もいらっしゃるかと思います。

私の一連の能力開発術は、「見る」「聴く（聞く）」「書く」「話す」の四つの行動をベースとしています。なぜなら、人はこれらの行動により、ものごとを記憶するからです。

本書を通じて私は、あなたの脳の力を限界まで高めたいと願っています。

「そんなこと、ほんとにできるの？」と首をかしげる方、不安を感じる方もいらっしゃることでしょう。でも、心配無用です。

勉強を苦手としてきた方でもすぐに入り込めるよう、平易な文章で解説し、徐々にステップアップしていくトレーニングメニューを用意しました。本書で得る知識は、読者の「勉強」というものに対する概念に革命を起こすはずです。

自分の脳に潜在的なパワーが潜んでいることを信じ、脳を目覚めさせる画期的勉強法に、ぜひともチャレンジしてみてください。

◉誰でも頭はよくなる

「頭のよさは遺伝する」と思い込んでいる人が、世の中にはたくさんいます。これも大いなる誤解です。頭のよさ・悪さは、断じて遺伝するものではありません。

人間には遺伝子がありますが、これはいわば〝設計図〟のようなもの。

私たちはこの設計図をたくさんもって生まれてきます。目が二つあって、手足の指は左右各5本というように、外見に関する設計図もあれば、メンタルやスキルといった目に見えないものに関する設計図もあります。私は、勉強・学習する能力を形成するための設計図もあると考えています。

ともあれ、設計図はあくまでも設計図であり、それぞれの人が「設計図どおりに成長する」とはいい切れません。ここが肝心なところです。

設計図をうまく使えるかどうかは、実はあなた次第です。うまく使うためには、まずさまざまな体験・経験を通して脳を活性化させる必要があります。より具体的にいえば、

「見る」「聞く」「書く」「話す」

という能力を徹底的に用い、それぞれの能力を伸ばしていかなければなりません。どれをとっても、日常のきわめて地道な作業のくり返しです。しかし人間の頭は、その地道な作業をどのようにくり返しているかによって、よくもなれば悪くもなるのです。

一生懸命勉強しているのに成果があがらないと、ついつい「うちの家系はみんな、勉強がそれほど得意じゃないから仕方がない」と、遺伝のせいにしたくなるものですが、それは誤解、思い違いでしかありません。

実際は、**あなたが自分の遺伝子に埋め込まれた設計図を生かしきれず、能力を活性化できていないだけ**なのです。

設計図を生かし、能力を活性化するには手順があります。それさえ知って手順を身につければ、学習・勉強の成果が劇的に変わってきます。

◉これからあなたにしてもらいたいこと

本書を読むだけで速読術が身につく……そんなふうに、甘い考えをもっている人はいませんよね。

ただ、本を買うからには「なんとしても速読術を身につけなければ……」という気持ちになっている人は、たくさんいることでしょう。

これまで何冊か速読の本を読んでみたけれど身につかなかった、という人もいるかもしれません。そういう人は、うまくいかなかった過去はこの際、きれいさっぱり忘れてください。固定観念はもたず、まっさらな気持ちで本書を読み、トレーニングに挑戦してくださるようお願いします。

私が、いまからあなたにしてもらいたいと思っていること。

それは「本書を読んで、確実に一つずつ実行する」ということです。

自分にはとてもできそうもない、本当にできるのかな、といった考えや不安を、ここで捨ててください。実は本書を手にとった時点で、あなたは半分以上成功に近づいているのです。

完全なる成功を手にするまでの道のりは、あと半分弱。それをあなたの行動で着実に埋めていけばよいのです。

速読術を身につけ、たくさんの情報を短時間で処理している自分を、できるだけ具体的にイメージしてください。

そこには、どれほどの幸せがあるでしょうか。

自分が欲しいと願っていたスキルを身につけ、自分が進みたいと思っていた道に、自信をもって進むことができます。自然に収入もアップし、気がつけば多彩な人脈ができています。考えただけでワクワクしてきませんか。

それでいいのです。そのワクワクした気持ちをもち続けてください。

そして大事なことは、本書で私が紹介すること、トレーニングの中身を懐疑的な気持ちで見ないこと。どんなものでも、まず身につけるには「しっかりと中身を信じて実行する」ことです。

加えて、あなたが大事だと感じたことは、必ずメモしておいてください。そして、覚えなければならないことは、声に出して読むと効果的です。

なにごとも、最初が肝心です。最初にしっかりと中身を読み、覚えてしまうこと。

本書を手にしてくれた、あなたの行動力とモチベーションがあれば大丈夫です。成功を信じて読み進めてくださることを祈っています。

TRAINING

本書の欄外を使ってトレーニングしてみよう

本書の左ページの欄外には、■印と「アタマのかいてんがはやくなる」という文字が一文字ずつ、交互に印刷されています。みなさんは、1行の上下に入っている文字を一度に認識することなどできないと思い込んでいるでしょうが、実はこうしたかたちで見ると一度に認識できていることがわかります。

本書を右手でもち、左手でパラパラマンガのようにめくってみてください。ページをめくると、■印と文字の位置が少しずつ動いていきます。■印だけを見るように意識すると■印だけが見えます。文字だけを意識すると、文字だけを見ることもできます。慣れてきたら、■印と文字の両方を意識すると、両方が見えるようになります。■印を追って目だけをその動きに合わせることで、眼筋を鍛えることもできます。

アタマのかいてんがはやくなくやはがんていかのマタア

■■■■■■■■■■■■■□□□□□□□□□□□□

目次

頭の回転が速くなる　**速読×記憶術トレーニング**

〈プロローグ〉　アメリカでも実証済みの「川村式速読トレーニング」の効果

序章

あなたの潜在能力を「速読」で目覚めさせよう！

「頭の回転」は誰でも速くなる……18
速読ができれば偏差値は確実に上がる……20
脳は高速情報に順応できる……22
語学の勉強に最適な「速聴術」……24

第1章

速読をちゃんと身につけるとこんなに便利

速読ってどういうもの？……28
速読を学んでトクすること……30
速読で時間の流れる速さが変わる……32
速読で読書スピードはどれほどアップする？……34

第2章

速読×記憶術トレーニングを始める前に

トレーニングの事前チェック……42
あなたは右脳型？　それとも左脳型？……48
広い「有効視野」をもっているか？……50
視野と視幅の拡大が大事……52
高速で視て、次に減速するのがポイント……54

第3章

トレーニング開始！　眼筋と右脳を鍛えよう

眼筋力アップで「視る」力も倍増する …… 58
トレーニング1　眼筋の上下運動 …… 60
トレーニング2　眼筋の横運動 …… 62
トレーニング3　眼筋の円運動 …… 64
COLUMN　米ユタ大学が「川村式速読トレーニング」の効果を発表 …… 67
トレーニング4　眼筋の縦対角運動 …… 68
トレーニング5　眼筋の横対角運動 …… 70
トレーニング6　眼筋のランダム運動 …… 72
トレーニング7　毛様体筋の遠近運動 …… 76
右脳の活性化も欠かせない …… 78
トレーニング8　視幅拡大トレーニング …… 81
トレーニング9　識幅拡大トレーニング …… 84
トレーニング10　識力向上トレーニング …… 88

第4章

次元の違うスピードで認識する力をつける

速読トレーニング1 まず文章を読む 92
速読トレーニング2 2点読みトレーニング 108
眼を素早く動かすことで潜在能力の壁を破る 110
視野を狭く絞り込まないように! 114
読むのが遅くなる原因を考えてみる 116
2点読みトレーニングの驚異的な効果 118
第2段階は「高速ページめくり」 120
速読トレーニング3 高速ページめくりトレーニング 122
体の緊張を抑えてページをめくる 130
有効視野に合わせて視線を飛ばす 132
無理せずトレーニングを続ける 134

第5章

究極の速読術「ブロック読み」を身につける

文章を文字の塊で読む速読術＝「ブロック読み」……138
段階的ブロック読みトレーニング……140
ブロック読みトレーニング1 縦書き1行10文字で読む……144
ブロック読みトレーニング2 横書き1行10文字で読む……151
ブロック読みトレーニング3 縦書き1行10文字を2、3行のブロックで読む……156
ブロック読みトレーニング4 横書き1行10文字を2、3行のブロックで読む……158
意識を部分分割する……160
ブロック読みトレーニング5 縦書き1行15文字の1行ブロック読み……161
ブロック読みトレーニング6 横書き1行15文字の1行ブロック読み……166
COLUMN 読書にもウォーミングアップが必要……167
ブロック読みトレーニング7 縦書き1行15文字を2、3行のブロックで読む……172
ブロック読みトレーニング8 横書き1行15文字を2、3行のブロックで読む……173
ブロック読みトレーニング9 児童書などを用いる……174

ブロック読みトレーニング10 縦書き1行20文字の1行ブロック読み 176
ブロック読みトレーニング11 横書き1行20文字の1行ブロック読み 177
ブロック読みトレーニング12 縦書き1行20文字を2、3行のブロックで読む 188
ブロック読みトレーニング13 横書き1行20文字を2、3行のブロックで読む 189
ブロックが1ページ大に広がらないときは 190
高速で半無意識の並列処理、意識するので低速になる直列処理 193

第6章

「マルチ脳」をつくる記憶術トレーニング

「記憶術」は現代人に必須のスキル 196
記憶を処理するメカニズム 198
「記憶しよう」という意識の大切さ 200
反復することで記憶力は鍛えられる 202
「思い出す」クセをつける 204
くり返し読んで短期記憶力を向上させる 206

速脳の第一歩＝速憶術 …… 208
「記憶量」と「記憶定着回数」を測ってみよう …… 210
記憶保持力について知っておこう …… 214
左脳記憶トレーニングと右脳記憶トレーニング …… 216
左脳速憶術トレーニング　重要語句理解トレーニング …… 218
左脳速憶術トレーニング　速憶トレーニング …… 220
左脳速憶術トレーニング　記憶力持続強化トレーニング …… 224

〈エピローグ〉　これからの能力開発の可能性

装丁／井上新八
本文イラスト／わたなべじゅんじ
編集協力／岩谷洋昌・川田俊治・友楽社
本文デザイン・DTP／初見弘一
カバー写真／ゲッティ イメージズ

序章

あなたの潜在能力を「速読」で目覚めさせよう！

速読ができれば、あなたは確実にこれまで以上の能力を出すことができます。いままで使っていなかった脳を活性化させ、新しいあなたに生まれ変わりましょう。

「頭の回転」は誰でも速くなる

SOKU DOKU

「記憶術」「速読術」「速聴術」……そういった言葉自体は、多かれ少なかれ、みなさんも目にしたり、耳にしてきたかと思います。

では、「**速脳術**」となるとどうでしょうか。聞き慣れない言葉かもしれませんが、その字面《じづら》からイメージすることはできると思います。

「脳のそれぞれの場所に割りあてられている機能や働きを促進し、それらを相互に作用させることによって、潜在する能力を引き出し、パワーアップさせる方式」

こういう定義のもと、私は20年以上前から「速脳術」という表現を用いています。

「左脳」と「右脳」については、説明するまでもないですよね。

物事を論理的に考えているときには左脳の活動が活発になり、音楽を聞いたり絵画を見ているときには右脳の活動が活発になるといわれています。つまり、「理論的な行動は左脳の果たす役割が大きく、感覚的な行動は右脳の役割が大きい」ということです。

速脳術とはまず、左脳と右脳のそれぞれの能力を、速読術によって高めるものです。

そして、次に左脳と右脳の連結をよくします。

本書で紹介するトレーニングにより、左脳だけで「頭の回転」は3倍速になり、これが右脳に連結すれば10倍速にもなります。トレーニングとしては、本書で解説する「速読術」のほかに「速聴術」「速書術」「速話術」があります。要するに「読む」「聴く（聞く）」「書く」「話す」という行動の速度をあげるトレーニングです。

ただし速脳術は、突然頭がよくなって過去に解けなかった難問がスラスラ解けるようになるというものではありません。もちろん、突如として独創性にすぐれた芸術作品が創作できるようになる、というものでもありません。

ですが、**脳の回転が速くなるということは、確実にメリットをもたらします。**

たとえば、数学の難問で解くのに1時間かかっていたものが30分とか20分、あるいは10分で解けるようになるのです。企画書の作成にいつもは3日かかっていたところが、1日、あるいは半日で終わるということも可能になります。

過去にまったくなかった能力を新たに創出することは速脳術をもってしてもできませんが、**1の能力を2や3、5以上に高めることができる。それが速脳術の最大のメリット**なのです。

速読ができれば偏差値は確実に上がる

１９８０年代あたりからＯＡ機器の急速な発達があり、それが情報の送受信形態に多次元化と高速化をもたらしました。その傾向はインターネットの普及とＩＴ技術の進歩により、さらに加速しています。

私たち現代人は、そういう世の中で生きていかなければなりません。人間には環境の変化に順応する力がありますから、多少の多次元化・高速化ならば対応していきますが、なにごとにも限界はあります。シティマラソンで、一般参加の市民ランナーがプロの招待選手と並走しようとして、あっという間に置いていかれるようなものです。

過去に、首都圏の大学生の読書能力を調査したところ、

「偏差値の高い大学ほど読むスピードが速い」

ということがわかりました。これは、当然といえば当然の結果です。

なぜなら、偏差値は情報処理能力のモノサシの一つだからです。

入試問題が長文化したことで、速く読んで理解する能力の劣る受験生は、相当な苦労を強いられるようになっています。天性の素質の差はあるにせよ、**読解能力は、速読術を身につければ確実にアップします。**速読ができるようになれば受験戦争で有利なポジションにつけるということです。

もっとはっきりいえば、**速読ができれば偏差値は確実に上がる**のです。

速読術で情報処理能力がアップすれば、大学卒業後の就職でも有利になります。最先端のビジネスに就きたいという希望をおもちなら、自動車の免許をとるため教習所に通うような感覚で、速読術を身につけておくことです。ビジネスの世界は、最先端になるほど大量の情報への対応能力が求められる傾向があるのです。

ネット等を通じて大量の情報を受け取ることが当たり前の時代では、速読術は受験にも就活にも役立つスキルとなるはずです。さらに速読術を入口として記憶力をアップし、速脳術まで修得すれば、多次元情報時代を悠々と生きていけることでしょう。

SOKU DOKU

脳は高速情報に順応できる

私たちが速読術を「速脳術」の入口にしているのは、「目からの刺激」が最も扱いやすく、かつ、能力を伸ばしやすいからです。目からの刺激とは具体的には、高速で動く物体や文字、光の信号などの識別ということです。

普通の人間は、高速で動く物体などを無制限に見極められるわけではありません。あまりにも高速で動く物体は「あれ？　なにか動いたみたいだぞ」といった反応になり、さらに高速になると、まったく見えなくなります。

目でとらえている物体の動きが異常に速すぎたり、逆に遅すぎたりすると、「大脳の反応は鈍くなる」という研究もあります。

高速で動いている物体を見分ける能力は、「見える／見えない」だけで判断しがちですが、実際にはそんな単純なものではありません。

極端に速度が遅くてその移動が識別できない状態があり、そこから速度を増すとよく識別できるようになり、そのピークを超えると徐々に識別しにくくなり、やがてはまったく識別できなくなる。そういう富士山型の正規分布曲線を描きます。

ただし、この識別の正規分布曲線は、変化させることができます。つまり、**識別能力を伸ばすことは可能**なのです。

たとえば、第４章で紹介している「高速ページめくり」のトレーニングをくり返して行なうと、徐々に反応のピークがそれまでよりも高速のほうへ移っていきます。大脳生理学的には、高速に反応できるニューロンが、新たに大脳内に形成されたと考えられます。この原理が、能力開発においても適用できるのです。

語学の勉強に最適な「速聴術」

高速に対応することができるのは、視覚だけではありません。聴覚を使った刺激でも、同様の現象を引き起こすことができるのです。

聴覚も、非常に精巧にできています。たとえば、ステレオ放送とモノラル放送を聞き分けると、前者のほうが立体感・現実感があると感じますよね。

これは、左右の耳から入ってくる音の大きさと、届くまでの時間差を分析して、音源の位置を再構成できるからです。大脳にはそういう能力が備わっているのです。

遠くから聞こえた音の源が、どちらの方向にあるか。その見当をつけられるのも、音が左右の耳に到着するまでの微妙な時間差を感知できるからです。

その時間差たるや、1000分の1秒程度のズレであっても感知可能といわれているほどです。それほどに人間の聴力は精妙なのです。

言葉を聞くときの聴力の反応には、次のような段階的ステップがあります。

①言葉が遅すぎてイライラさせられる

②ちょうどよいスピードで、聞き取りのスピードと自分の思考スピードとがフィットしている
③やや速く、聞きもらさないためには、かなり頑張らなければならない（強いストレスがある）
④速すぎて、いくら頑張っても聞きもらしが出る（ストレスは減りはじめる）
⑤まだ音としては明瞭に識別できるが、言葉の意味としては、ほとんどわからない（聞き取り能力のピーク）
⑥個々の音を識別するのも苦しいぐらいの高速になってくる
⑦速すぎて音が流れてしまう

速脳術へのステップである「速聴術」のトレーニングとしては、③の状態を少し経験したあと、④のステップを抜いて、⑤へとくり上げます。⑤の状態で数分間のトレーニングをしたあとで③に戻ると、高速への順応が起きて、トレーニングを始める前よりも苦痛の度合いが小さくなってきます。

そうなってから④にくり上がると、④が従来の③と同じような状況になります。そこで、さらに⑤のステップを一つ飛ばして⑥にくり上がります。⑥の状態で数分間のトレーニングをしたあとで④に戻ると、やはり高速への順応が

起きて、ストレスの度合いが減っています。

速く流れる音を聞き取る能力は、こういうステップを踏んで成長していくのです。**能力を伸ばすために最も確実で効果のある方法は、刺激のパターン訓練を反復して行なうことです。**このとき刺激のリズムに変化を与えると、さらに効果を高めることができます。

たとえば、英語でネイティブ・スピーカーのしゃべる早口の言葉を聞き取ろうとする場合、速い・遅い・速い・遅い……と交互に対比させて刺激を与え続けると、徐々にピークが高速のほうに移ってきます。

速読でも同じで、文字情報をより速く理解できるようになるためには、速く・遅く・速く・遅く……と交互に緩急をつけたパターン訓練を継続して行なえばよいのです。

通常、こういう場合に人間は、速い状態のみのトレーニングを行なったほうが効果が上がるように思いがちですが、実際はそうではないのです。

筋力トレーニングにおいても、負荷を長時間にわたって与え続けるよりも、上手にインターバル（休息）をはさみ、トレーニング内容に緩急・強弱の変化をつけたほうが、はるかに効果的であることが知られています。情報処理をつかさどる脳の能力を高める場合も、筋トレの場合と同様のことがいえるのです。

第1章

速読をちゃんと身につけるとこんなに便利

「速読」はむずかしくありません。ちゃんとトレーニングすれば誰でもできるようになります。一度身につけたら仕事も学習も超効率的になる一生モノのスキルです。

速読ってどういうもの？

　ここから、速読というものを正確に理解していただくために必要な基礎知識の説明に入ります。「速読」とは、文章情報を速く、そして正確に読み取る能力です。いわゆる**〝飛ばし読み〟〝斜め読み〟とはまったく異なるもの**です。

　なぜなら、読書速度が速くなっただけで、内容の理解度はそれまでどおりのまま。だから記憶する量が読書スピード向上に伴って格段に増えるからです。速読術を正しく身につければ、同じ時間で、これまでの数倍の量の読書や学習ができるようになります。

　それだけではありません。仕事で大量の情報処理やぼうだいな資料のまとめなどを行なわなければいけない人は、その処理スピードがアップし、作業時間を従来の数分の一にすることも可能になります。

　通常の読書の場合、1文字ごとに目で追っていく「なぞり読み」がメインで、そのほかに音読や、頭の中で音声化して読む黙読を行なっています。

速読では複数の、そして大量の文字を同時に素早く見て、読み取れるようにするトレーニングをします。

それはまるで巨大なディスプレイを俯瞰《ふかん》するような感覚であり、一瞬、目に入った情報をそのまま、ごっそりまとめて脳に送り込みます。しかも、内容の理解度や記憶はそれまでと変わりなく行なえるのです。

そうなると、**速読術はあなたの一生もののスキルとなり、使い続けるかぎり、スキルは無限大といってよいほどに洗練され、より確かな無形財産となっていきます。**

新たなスキルが身につくということは、脳に新たな神経回路が形成されるということです。

言葉を覚え、それを話したり聞き取ったりする能力も、赤ちゃんのころから時間をかけて神経回路を形成した結果です。それを使い続けるからこそ、私たちは言葉を情報伝達手段として使い続けることができるのです。

速読も、ひとたび身につけたら、そのスキルがさびつくことのないよう、使い続けることをおすすめします。

速読を学んでトクすること

速読術を身につけてトクすること。それはもちろん、情報処理能力が格段にアップすることです。いままで1日がかりだった仕事が午前中に終わる、なんてことも当たり前にできるようになるのです。

仕事以外でも、自分にとって有益な情報をたくさん処理できるようになると、生き方そのもの、人生への姿勢も変わってきます。

- もっと仕事ができる人間になりたい
- 就職活動で自分のスキルをアピールし、自分を最大限に生かせる会社に就職したい
- 志望校のランクを落とさず、一発で合格したい
- 難関といわれる資格を取得したい
- 英語能力を磨いて世界を舞台に仕事をしたい

あなたのいまの境遇によって希望するところはさまざまでしょうが、そういった希望を実現しやすくなります。そう、あなたがステップアップを決意したようなときこそ、速読術は大きな力を発揮するのです。

仕事や勉強などでキャリアアップを目指すなら、速読によりテキストや参考書の反復練習のサイクルが短くなるほど、効率がアップします。日常の業務においても、資料や議事録に目を通す時間が短縮でき、会議や打ち合わせもスムーズにすすみます。

また、速読は物事を総合的、かつ客観的に判断するトレーニングをくり返しますので、「仕事図の全体的な把握」ができるようになります。これまで苦手としていた仕事も難なくこなせるようになりますから、あなたへの上司、同僚の信頼は必ず厚くなっていくはずです。

そもそも速読では、**想像力や感性を豊かにする「右脳」を育むトレーニングをしますので、発想力やエネルギッシュな思考力を生み、視野が拡がることで従来は注目していなかった領域、分野への興味も湧いてくる**ことでしょう。

そうすると新聞、雑誌、書籍、ネット情報まで、目を通す文字情報の量が格段に増えるので、知識が豊かになります。必然的に新しい経験や見知らぬ世界との出会いが無限に広がります。

速読で時間の流れる速さが変わる

速読に対するよくある誤解として、「素早く文章を読めば理解度が落ちる」というものがあります。

しかし、速読は思考力や内容の把握を劣化させることは決してありません。しっかりと内容を把握し、理解度を高めながら、なおかつ速く読み進めるからこそ、速読はスキルと呼ぶに値するのです。

見方を変えれば、**速読をしている間は「時間の経過が遅くなる」ということもできます。**脳の回転速度がアップすることで、時間感覚に狂いが生じるといえば理解いただけますでしょうか。

どうしても抽象的な説明にならざるを得ないのですが、一つ例をあげましょう。SF小説には「時間を止める装置」がよく登場し、ほかの人が動いていない間に、自分のやりたいことをやる……なんて話がありますよね。

そういう装置が実際につくれるものなのかどうかはわかりませんが、同じ時間を使って人の2倍、3倍の仕事や勉強をすることは現実に可能です。

文章を読むスピードが2倍になれば、これまで1時間かかっていた勉強が30分で終わる。3倍になれば20分、5倍になれば12分、10倍になれば6分で終わる――。

まさに、速読術をマスターすれば、人の何倍もの時間効率で勉強や仕事がはかどるのです。

速読術をマスターした結果、早口になってしまった人がいます。自分の中で把握している時間の流れが周囲の人の何倍も速くなっているため、時間感覚の狂いから舌の回転も速くなってしまったのです。

そういう人が話しているところをビデオに撮って後で見せると、本人がびっくりします。本人は普通の速さで話しているつもりなのに、言葉が機関銃のような速さで飛び出しているのですから、驚いて当然です。早口に気づいた人は、ゆっくりと喋る練習をする。そんな笑えない話もあります。

口ぐせのように「時間が足りない！」といっている人。忙しくて「本なんか読んでる時間はない」という人。情報が多すぎて処理に忙殺されている人。

いまの日本にはそういう人がたくさんいますが、そういう人にうってつけの能力、スキルが速読なのです。

速読で読書スピードはどれほどアップする？

〝斜め読み〟や〝飛ばし読み〟と違って、速読は理解力を落とさず、かつ何倍ものスピードで読む技術であることは、すでに説明しました。

みなさんは、日本人の平均読書スピードがどのくらいか、ご存じでしょうか。

個人差は若干あると思いますが、日本人の平均読書スピードは、分速で４００字から７００字。１行が40字の本でいえば、１分間に速い人で17行か18行程度、遅い人だと10行読める速さです。

では、**速読術をマスターすればどれほど読むスピードが上がるのか。最低でも3倍にはなりますし、達人の域になると10倍速という人もいます。**

もっとも、速読のトレーニングで読書スピードを上げることができても、単に読んでいるだけでは、その上達度合いを自覚することはできません。

そういうあいまいな状態ではモチベーションが上がりにくいので、私は自分の読書スピードを測るようすすめています。

36ページから、1ページでちょうど400文字の文章を4種類載せてあります。これらの文章を用いて1ページが何分で読めるか、早速、計測してみてください。この例文は、この後で紹介するトレーニングの前後にも読むことで、自分の読むスピードがアップしていくことが確認できます。

また40ページに示した表は、例文を一つ読むのにかかった時間から、自分が1分間に何文字読めるかを知るための早見表です。自分が一つの例文を何秒で読めたか下に記入してください。

例文を一つ読むのに最初は60秒以上かかっていたのが、いつのまかそれ以下になっていたら、速読力がアップしたということになります。

＊なお、例1～4の文章は、1ページにちょうど400文字を載せるため、もとの文章の改行をはずし、全部をつなげたかたちにしてあります。

か

か

例1

私はその人を常に先生と呼んでいた。だからここでもただ先生と書くだけで本名は打ち明けない。これは世間を憚かる遠慮というよりも、その方が私にとって自然だからである。私はその人の記憶を呼び起すごとに、すぐ「先生」といいたくなる。筆を執っても心持は同じ事である。よそよそしい頭文字などはとても使う気にならない。私が先生と知り合いになったのは鎌倉である。その時私はまだ若々しい書生であった。暑中休暇を利用して海水浴に行った友達からぜひ来いという端書を受け取ったので、私は多少の金を工面して、出掛ける事にした。私は金の工面に二、三日を費やした。ところが私が鎌倉に着いて三日と経たないうちに、私を呼び寄せた友達は、急に国元から帰れという電報を受け取った。電報には母が病気だからと断ってあったけれども友達はそれを信じなかった。友達はかねてから国元にいる親たちに勧まない結婚を強いられていた。彼は現代の習慣からいうと結婚

（出典：『こころ』夏目漱石）

秒	字／分

例2

それらの夏の日々、一面にすすきの生い茂った草原の中で、お前が立ったまま熱心に絵を描いていると、私はいつもその傍らの一本の白樺の木蔭に身を横たえていたものだった。そうして夕方になって、お前が仕事をすませて私のそばに来ると、それからしばらく私達は肩に手をかけ合ったまま、遥か彼方の、縁だけ茜色を帯びた入道雲のむくむくした塊りに覆われている地平線の方を眺めやっていたものだった。ようやく暮れようとしかけているその地平線から、反対に何物かが生れて来つつあるかのように……そんな日の或る午後、(それはもう秋近い日だった) 私達はお前の描きかけの絵を画架に立てかけたまま、その白樺の木蔭に寝そべって果物を齧じっていた。砂のような雲が空をさらさらと流れていた。そのとき不意に、何処からともなく風が立った。私達の頭の上では、木の葉の間からちらっと覗いている藍色が伸びたり縮んだりした。それと殆んど同時に、草むらの中に何

(出典;『風立ちぬ』堀辰雄)

秒	字/分

例3

世界中の外国人に「日本食と言えば何を思い浮かべるか?」と尋ねたら、おそらく「すし」がナンバー1を獲得するだろう。それほど「すし」は日本食としてメジャーになった。20年くらい前からアメリカを中心に空前の「すし」ブームが起こり、いまでは世界中の大都市に寿司屋がある。この「すし」という純和風な料理、実は日本生まれとも言えるし、違うとも言える。何とも変な表現だが、その理由はこうだ。寿司と聞いて、最初にちらし寿司を想像する人は少ないだろう。たいていは握り寿司を思い浮かべるはずだ。だが、握り寿司の歴史は意外に浅く、文政年間(1818〜1830年)に始まり、まだ200年にも満たない。それ以前に「すし」と呼ばれた料理は、握り寿司とは似てもにつかないシロモノである。「すし」に関する記述が出てくるのは奈良時代の718年、「養老律令」という法律に租税品として「鮨」「鮓」の文字が登場する。また、平安時代の文献「延喜式」に

(出典:『おもしろくてためになる日本史の雑学事典』河合敦「『すし』の起源は奈良時代」)

秒	字/分

例4

自分は理路整然と話しているつもりでも、相手に「なぜそうなるの?」とか、「結局どういうこと?」と言われた経験はないでしょうか? そういう時には、「暗黙のルール」が共有できていないことが多いのです。「AだからBである」という基本的な論理のつながりを考えてみてください。「黒い雲が出てきたから雨が降りそうだ」という例で考えてみます。「黒い雲」と「雨」という2つの事柄は、多くの人の頭のなかで常識的に結びついています。これを一般常識や一般論といいます。誰もが経験的に知っていて、誰もが同じことを考えるルールです。黒い雲と雨との関係が一般的に結びついているからこそ、何の説明もなく「黒い雲だから雨だよ」と言っても、聞き手もうなずいてくれるのです。このように、「AだからB」というコミュニケーションが成り立つためには、話し手と聞き手の間で共通となる一般論を持っている必要があります。では、こういう例はどうでしょうか?

(出典:『3分でわかるロジカル・シンキングの基本』大石哲之)

秒	字/分

文字数早見表

秒数	文字数	秒数	文字数	秒数	文字数	秒数	文字数
1	24000	26	923	51	470	76	315
2	12000	27	888	52	461	77	311
3	8000	28	857	53	452	78	307
4	6000	29	827	54	444	79	303
5	4800	30	800	55	436	80	300
6	4000	31	774	56	428	81	296
7	3428	32	750	57	421	82	292
8	3000	33	727	58	413	83	289
9	2666	34	705	59	406	84	285
10	2400	35	685	60	400	85	282
11	2181	36	666	61	393	86	279
12	2000	37	648	62	387	87	275
13	1846	38	631	63	380	88	272
14	1714	39	615	64	375	89	269
15	1600	40	600	65	369	90	266
16	1500	41	585	66	363	91	263
17	1411	42	571	67	358	92	260
18	1333	43	558	68	352	93	258
19	1263	44	545	69	347	94	255
20	1200	45	533	70	342	95	252
21	1142	46	521	71	338	96	250
22	1090	47	510	72	333	97	247
23	1043	48	500	73	328	98	244
24	1000	49	489	74	324	99	242
25	960	50	480	75	320	100	240

この早見表は 60 秒（1 分間）で 400 文字読めた場合を基準にしています。たとえば、36 ～ 39 ページの例文を一つ読むのに 100 秒かかるとしたら、いま現在あなたの速読力は 1 分間につき、240 字ということになります。

第2章

速読×記憶術トレーニングを始める前に

まず自分のいまの状態を確認しましょう。さらに、速読ではどんなことが大事なのか、どんなトレーニングをするのがよいのかを知っていると修得も早くなります。

SOKU
DOKU

トレーニングの事前チェック

ここまで「速読術」と、それを入口として潜在能力をパワーアップさせる「速脳術」の説明をしてきました。早く実際のトレーニング方法を知りたいと思われるかもしれませんが、それぞれのトレーニングがどんな意味をもつのか理解することで、より早くその効果を得ることができます。

そろそろトレーニングに入っていきますが、その前に、まず現在の自分の状態を確認しておきましょう。

あなたはいま、どのくらいの速さで文字を読むことができるのでしょうか。これを正確に知っておくことで、今後のトレーニングの成果をしっかりと把握することができ、ひいては成果のアップにもつながります。第1章の最後で、1分間で何文字読めるのか確認しましたが、もしまだ行なっていない方はここでやっておいてください。

次に、以下の項目について、44ページの「トレーニング事前チェックシート」に記入しながら、答えていってください。

- **トレーニングをする理由**：いくつ記入してもかまいません。
- **スポーツ**：過去に行なっていたもの、現在行なっているものを記入してください。
- **利き腕**：どちらかを○で囲んでください（両利きの人は両方に）。
- **夢**：自分が見る夢は、カラーかモノクロかを○で囲んでください。その頻度も○で囲んでください。
- **迷路**：45ページの迷路にトライしてください。この迷路はスタートからゴールまでつながっています。どのような方法を用いても結構です。スタートからゴールまでを1本の線で結んでください。また、ゴールするまでの時間を計り、記入してください。
- **裸眼視力**：最近の視力を記入してください。わからないときは、以前の覚えている視力を記入するようにしてください。
- **矯正視力**：メガネやコンタクトレンズを装着した状態で、現在の、あるいは以前の覚えている視力を記入してください。
- **乱視**：左右の乱視の有無を記入してください。
- **目の疾病**：過去、現在で目に疾病経験がある場合は、その病名を記入してください。

トレーニング事前チェックシート

トレーニングをする理由		
スポーツ	過去：	現在：
利き腕	右　・　左	
夢	カラー・モノクロ	よく見る　・　時々見る まれに見る　・　見ない
迷路	分　秒	
裸眼視力	右：	左：
矯正視力	右：	左：
乱視	右：　有　・　無	左：　有　・　無
眼の疾病	病名：	

チェック用迷路

スタート

ゴール

■事前チェック項目の解説

・**トレーニングをする理由**：たとえば資格試験や大学受験など、目標とする目的によって読書速度に違いが出てきます。

・**スポーツ**：スポーツを経験している人としていない人を比較すると、一般的には経験している人のほうが動体視力などにすぐれ、トレーニングの成果も早くあらわれる傾向があります。

・**利き腕**：日本人の9割が右利きといわれています。生理学的には、左利きのほうが右脳が活性化されやすい状態にあります。

・**夢**：右脳型思考の人はイメージ力が強く、物事の再現能力にたけています。夢をよく見て、しかも色がついている場合は、このあとチェックする右脳型思考の人間に近いといえます。

・**迷路**：ゴールするのが速い人ほど、物事の処理速度が速い傾向にあります。必要な線と不必要な線を単列的に処理するのではなく、並列的処理によって結果を出すことができるからです。

・**裸眼視力**：視力障害の多くは、眼筋力の低下が原因と考えられます。視力障害の方は一般的に文字を見るスピードが遅く、視野も狭くなります。情報を取り入れる段階でも物理的な障害となるため、トレーニングをしても最初は伸び悩む人もいます。

- **矯正視力**：レンズの度が強いほど、視野が狭くなりがちです。
- **乱視**：乱視の人は、眼球を支えている6種類の眼筋の引き合う力がアンバランスなため、眼球がいびつな状態になっている可能性もあります。眼筋トレーニングを適切に行なう必要があります。
- **目の疾病**：網膜剥離《もうまくはくり》などの疾病経験のある人は、一部のトレーニングを避ける必要があります。ほかの疾病においても眼科医の指示にしたがい、眼球を運動させることが可能か確認してください。

あなたは右脳型？それとも左脳型？

次に、自分が右脳型（情報を並列処理している）か左脳型（情報を直列処理している）か、ここで簡単な自己診断法を紹介します。それは、トレーニングの効果をより速くあげられるのは右脳型だからです。

なぜ、右脳型のほうが有利なのか、その理由はあとで（51、78ページ）で解説しますが、ここでは自分がどちらのタイプなのかを把握しておいてください。

①あなたの方向感覚は確かですか？

②あなたは、初めてすれ違った人の容姿を、5分か10分後に明確に脳裏に思い浮かべることができますか？

③テレビや新聞でよく見かけるスポーツ選手の姿を脳裏に思い描き、その人物の動きや服装を、想像で変更することができますか？　たとえばプロ野球選手なら、バットをスイングさせたり、違う球団のユニフォーム姿にすることができますか？

④目を開けたままの状態で、目の前に③のスポーツ選手の姿をハッキリと再現することができますか？　つまり、自分の意思で幻影をつくり出すことができますか？

いかがでしたか。①から④の質問に、一つでも「はい」と答えることができた人は、右脳型といえるでしょう。

また、ここに紹介した診断法では、①から④へと数字が増えるにしたがって、右脳型であるか否かの判断の基準が厳しくなっています。

しかし、すべての項目が「はい」でないと、「速読×記憶力」を習得できないかというと、決してそんなことはないので心配は無用です。全部「はい」という人よりも、少し時間がかかるかもしれませんが、必ず能力はアップします。

SOKU DOKU

広い「有効視野」をもっているか？

次に、理解しておきたいのが「有効視野」についてです。

あるものを集中して見ていると視野が狭まって、まわりのものが目に入らず、視野が狭くなることがあります。ただし視野が狭まっても、網膜に映る範囲まで実際に狭くなったわけではありません。

喫茶店で相手と熱心に話をしていると、まわりのお客さんの声やＢＧＭが聞こえなくなるようなことがあります。それは、その声や音が実際に消えてしまったのではなく、単に意識の中に入り込まないように遮断されたのです。

この意識の中に残る範囲と、現実には存在しているのに遮断されて外側へと押し出され、ほとんど存在していないに等しい状態になってしまう範囲の違いについて説明します。

意識の外側に押し出された視覚情報は、その人の網膜に受動的に映っているだけの状態であって、実際に大脳が情報として利用することはできません。存在しているのに、その存在は大脳にとっては無効なのです。

そこで、これを便宜的に「無効視野」と呼び、意識の内側のエリアにある情報は、その人の意思で活用することができるので「有効視野」と呼ぶことにします。

右脳型に分類される人は有効視野が広く、右脳の視覚野が十分に活動しています。左脳型に分類される人は有効視野が狭く、右脳の視覚野もほとんど活動していないのです。

つねに有効視野を狭めてものを見る習慣がある人は、部分だけを見ていて、全体を見ることがあまりありません。たとえば円を見る場合には、円周全体が網膜に映っているにもかかわらず、見ているのは部分の円弧だけなのです。

そのため、想像で頭の中に円をイメージしようとしても、完全な円を描くことができず、ゆがんだり、描いていく端から消えていってしまうということになります。

また、人の顔でも目・鼻・口・耳といった細かな部分だけを見て、顔全体を見ないので（もちろん、網膜には映っているので本人は見ているつもりです）、すれ違ってからしばらくして、全体像を再現しようとしてもできにくくなります。

SOKU DOKU

視野と視幅の拡大が大事

有効視野の狭い人は、日常生活で有効視野を広げるトレーニングをしてみてください。たとえば道を歩いているとき、ただ前方を見て歩いているだけでなく、同時に左右両側も見るようにします。そして、できればその際、両側の店の看板の文字も同時に読むようなことも試みるのです。

また、道路を横断するときも「右を見て左を見て」ではなく、「同時に左右を見る」ようにするのです（安全には十分に気をつけてください）。

本を読むときも、ページ全体の文字を一度に視野に入れることを心がけてください。この場合、**意味は読み取れなくてもさしつかえありません。とにかく、全文字を視野に入れる習慣を身につけることが大事**なのです。初めのうちは、やっていて違和感が伴いますが、そのうちに有効視野が徐々に広がってきます。大脳生理学的には、大脳の中にそれらを読み取るための回路が新たにつくられたということです。

有効視野は、そのエリアに入った物事を情報として視認できる幅ということで「**視**

幅」とも呼びます。ただし、その情報が文字で構成されている場合、意味まで全部読み取れるわけではありません。つまり、「全部の文字を確認できる」ことと「文字として意味を理解できる」ことの間には、ギャップがあるのです。

もちろん、時間をかけて観察すれば、有効視野内の文章の意味は理解できるようになりますから、パッと瞬間的に見たときに、という条件をつけての話です（具体的には約1秒間）。

この「瞬間的に文章としての意味まで理解できる範囲」を、その文章の概念まで認識できる幅ということで「**識幅**」と呼びます。当然、識幅は視幅の中に含まれ、最終的には、この識幅が広ければ広いほど能力が高いということになります。

文字というのは、いくら全体的にとらえたとしても、最終的には端から順番に読み取らなければ意味がデタラメになってしまいます。この点では、直列方式の情報の典型であり、左脳の言語野を活用して論理的に分析しなければ意味が不明になるという点で、最終的には左脳が主導権を握ります。

それでも**視幅を拡大していくトレーニングや、視野を狭める条件反射を克服するトレーニングを続けていれば、かぎりなく両者のギャップを埋めていくことができ、右脳的並列処理が可能となる**のです。

高速で視て、次に減速するのがポイント

ここで、本書で紹介する「ジョイント式速読法」について説明しておきます。

ジョイント式速読法は、科学的理論にもとづいたトレーニングで眼の動きを速め、視野を広げることによって**文字を認識するスピードを速め、そのスピードにみずからの脳を慣れさせることにより、誰にでも簡単、確実に短時間で獲得できることを特徴としている速読法**です。精神集中や呼吸法などは、一切必要としません。

自動車で高速道路を時速１００キロでしばらく走行したあとに一般道路に入ると、景色が非常にゆっくりと流れるように感じます。これは、脳が高速走行のスピードに順応して、情報処理能力を高めた結果です。

このように脳は「可塑性《かそせい》」、つまり周囲の環境に柔軟に適応できる性質をもっています。ジョイント式速読法は、脳のこの性質を利用しています。

ジョイント式速読法のトレーニングは、目を通して潜在能力に刺激を与えることによって「慣れ」の状態をつくり、能力全体をボトムアップさせる方法です。わかりや

すくいうと、「視る」という能力を訓練で活性化させることによって、連動している「理解力」も引き上げ、より高い状態にもっていくのです。

トレーニングでは、まず文字を「読む」のではなく、「視る」速度を上げる訓練を行ないます。「読む」練習ではなく、段階的に設定された速度で文字や特殊教材などの図形や文章を「視る」ことから始まります。

過去に体験したことのない高速状態で目の前を文字が移動した場合、文字の形や意味を認識することは不可能でしょう。でも、単なる物体として物理的に「視る」ことはできます。

「視る」機能の速度アップを先行させることで脳の可塑性が作動し、追いかけるように文字の形や意味、あるいは文章内容を認識するほかの機能も速度アップしていきます。

この状態は、先に述べた自動車の高速道路の運転時の感覚と同じで、元の速度にもどったときには、自分の読書速度が遅く感じるようになります。逆にいえば、数倍速く読めるようになったということです。

つまり、自分の理解度や読書感覚はそのままなのに、読書速度は速くなっているという現象が生まれます。読書速度の向上という点についていえば、この理論を応用し

は

は

て訓練をくり返すことで定着します。

こうして「視る」能力だけをアップさせると、「理解」「記憶」「感性」といった読むことにかかわる能力も、それに追いつこうと処理能力を高めます。その結果、それらの能力も次第に高速に慣れていきます。

ただし、この時点では「視る」速さにほかの能力が完全には追いつきません。眼に入ってはいるけれど、全部は理解できないという状態です。

そこで一定期間、高速状態での訓練を続けたあと、今度は視る速さを中速まで落とします。すると、ある程度の速さに適応して、ほかの能力が「視る」能力に追いつきはじめます。「視る」と「理解」「記憶」などの能力が結合し、見たものがわかる状態になるわけです。

この状態をトレーニング前と比較してみると、「読む」（つまり、見て理解する）速度が格段にアップしていることがわかります。個人差はありますが、ほとんどの人が3倍から10倍以上に読書スピードがアップしているのです。

第3章

トレーニング開始！ 眼筋と右脳を鍛えよう

大事なのは眼筋を鍛えること。この章では、眼をコントロールする六つの筋肉を動かします。ふだんあまり使わない筋肉なので、無理せず行なってください。

SOKU
DOKU

眼筋力アップで「視る」力も倍増する

私たちが読書をするときや書類を読み進めるとき、通常は1文字1文字を順番に見ながら文章をとらえていきます。言い換えると、脳に文字情報を1文字1文字、順番に信号として送信しています。

そして、この送信のスピードが、読書速度の限界にも関係してきます。

文書を1文字ずつ移動するときに眼の動きの速さを決定するのが、眼球を動かす「眼筋」なのです。したがって、文字をとらえながら速く眼を移動させるためにも、眼筋の訓練は欠かすことができません。

そして、継続したトレーニングをすることで速読による読書時間を伸ばすことにも役立ちます。速読で長時間読書ができるようにするためには、持久力のある眼筋をつくる必要があります。

そのためトレーニングは欠かせないものとなるわけです。短距離走向きの筋肉にするのか、長距離走向きの筋肉にするのかは、トレーニング次第です。

なお、視力の弱い方ほど、最初は眼球が動きにくかったり、極度の疲労を感じることがあります。そのようなときは決して無理をせず、トレーニングを一時中断して休憩をとるか、あるいは慣れるまで視点をゆっくり移動させるようにしてください。

また、計測のためストップウォッチ（または時計）を用意してください。

や

や

トレーニング1

眼筋の上下運動

この眼筋上下運動は、眼筋の上直筋と下直筋（73ページのイラスト参照）に、速く動かすという負荷を与えることによって筋力をつけます。この二つの眼筋が鍛えられていないと、縦書きに印刷された文書を速く読むことができません。

トレーニングで上直筋と下直筋に筋力をつけるだけでも、ある程度は縦書きの文書を読む速度をアップさせることができます。

トレーニング法

①黒丸が上下に位置するように、本を両手でもつ
②目から20センチ離す
③上段右端の黒丸から番号順に黒丸に視点を移動させる
④❶～⑯までの視点の移動を、往復約1秒間で行なう（❶→❷→❸で1秒）
⑤トレーニング時間は約5秒間（❶～⑯の視点の移動）

眼筋上下運動シート

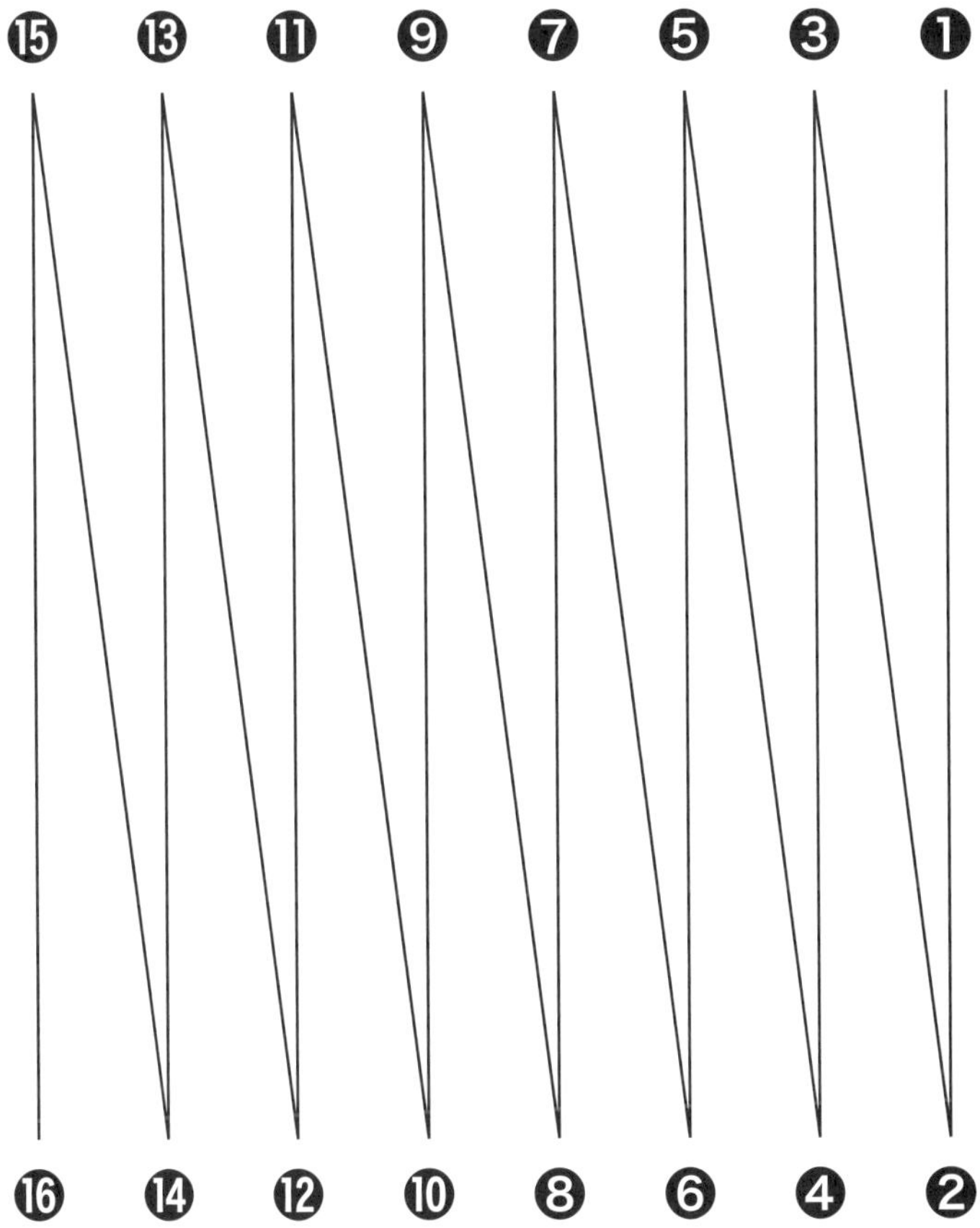

トレーニング2

眼筋の横運動

この眼筋横運動は、眼筋の外直筋と内直筋に、速く動かすという負荷を与えることによって筋力をつけます。この二つの眼筋が鍛えられていないと、横書きに印刷された文書を速く読むことができません。

トレーニングで外直筋と内直筋に筋力をつけることにより、横書きの文書を読む速度をアップさせます。

トレーニング法

① 黒丸が左右に位置するように、本を横にして両手でもつ
② 目から20センチ離す
③ 左側上端の黒丸から番号順に黒丸に視点を移動させる
④ ❶～⑯までの視点の移動を、往復約1秒間で行なう（❶→❷→❸で1秒）
⑤ トレーニング時間は約5秒間（❶～⑯の視点の移動）

眼筋横運動シート

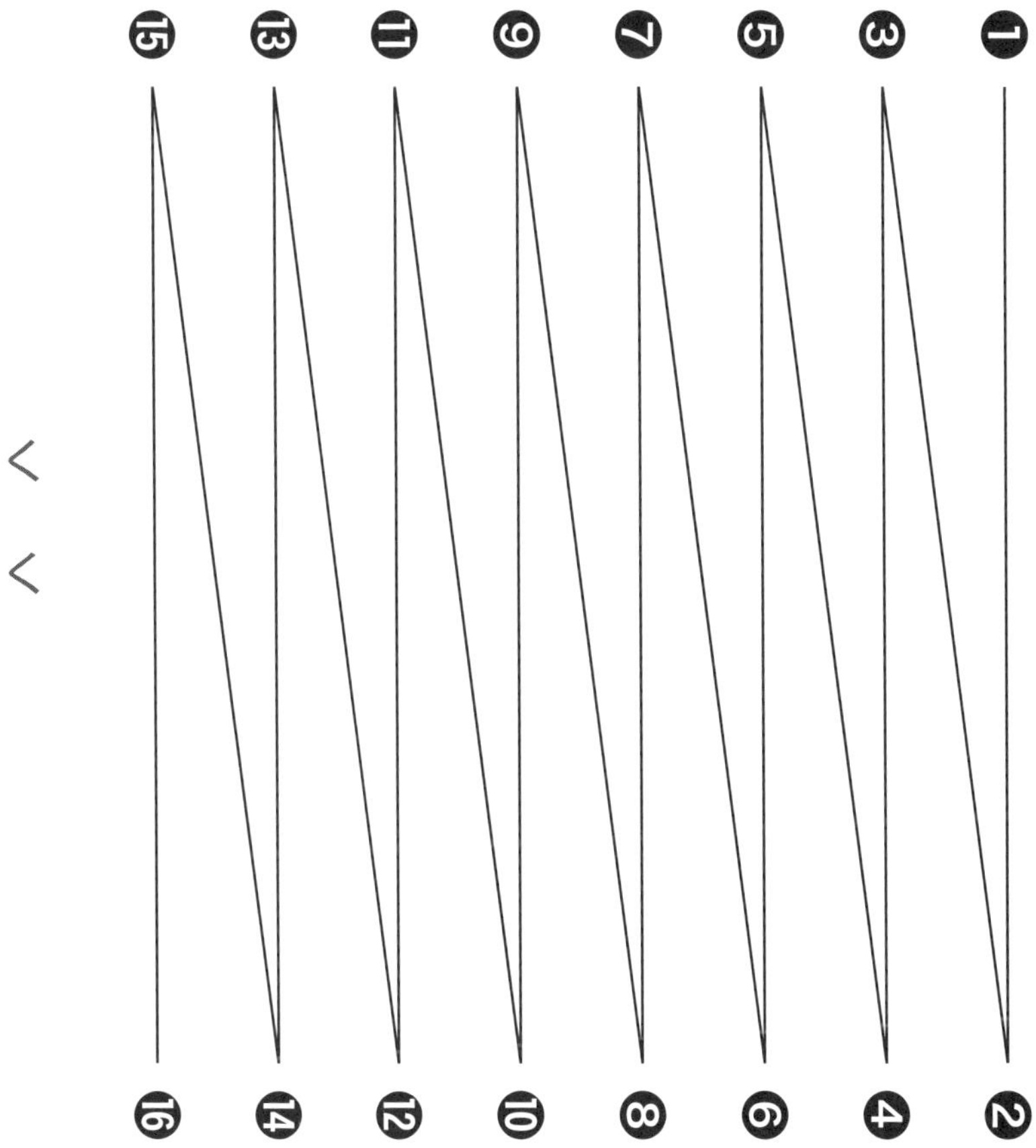

トレーニング3

眼筋の円運動

人の目を動かしている眼筋には、上直筋・下直筋・外直筋・内直筋・上斜筋・下斜筋の6種類があります。この眼筋円運動は、速く動かすという負荷を与えることによって、6種類の眼筋全部に筋力をつけることができます。

6種類の眼筋に、よく発達した眼筋と、それほど発達していない眼筋がある場合、眼球はよく発達した眼筋のほうにより強く引っ張られて、微妙に形状がゆがみます。すると、そのゆがみは角膜に影響を及ぼして、乱視などによる視力の低下や眼精疲労が起きやすくなるなどの弊害をもたらします。

また当然、文章を読む際の文章処理能力の低下、事務処理能力の低下につながります。

そこで、オールラウンド型のトレーニングを眼筋に行なって、6種類の眼筋をまんべんなく発達させることが必要なのです。

トレーニング法

①本を縦にして両手でもつ（66ページの図を見る）
②目から20センチ離す
③円の弧上にある黒丸に視点を置く
④左回りで、円周をなぞるように視点を移動させ、黒丸までもどる（図のⒶ）
⑤次に、右回りで視点を移動させ、黒丸までもどる（図のⒷ）
⑥視点が円周を2回まわる（ⒶとⒷを行なう）時間は、約1秒間とする
⑦左回りと右回りを5回くり返し、約5秒間で終了する

トレーニング法の図（丸）

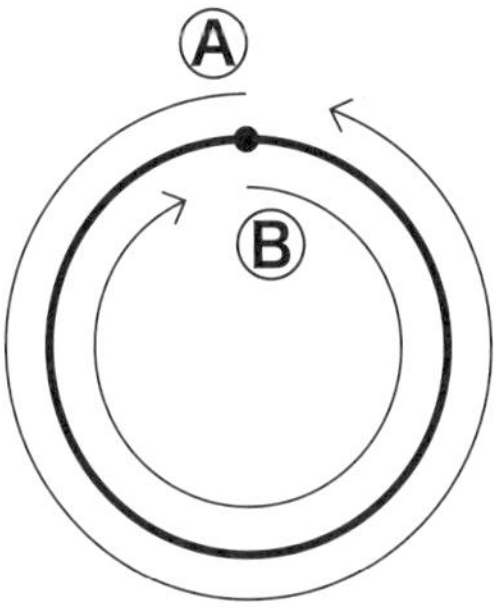

眼筋円運動シート

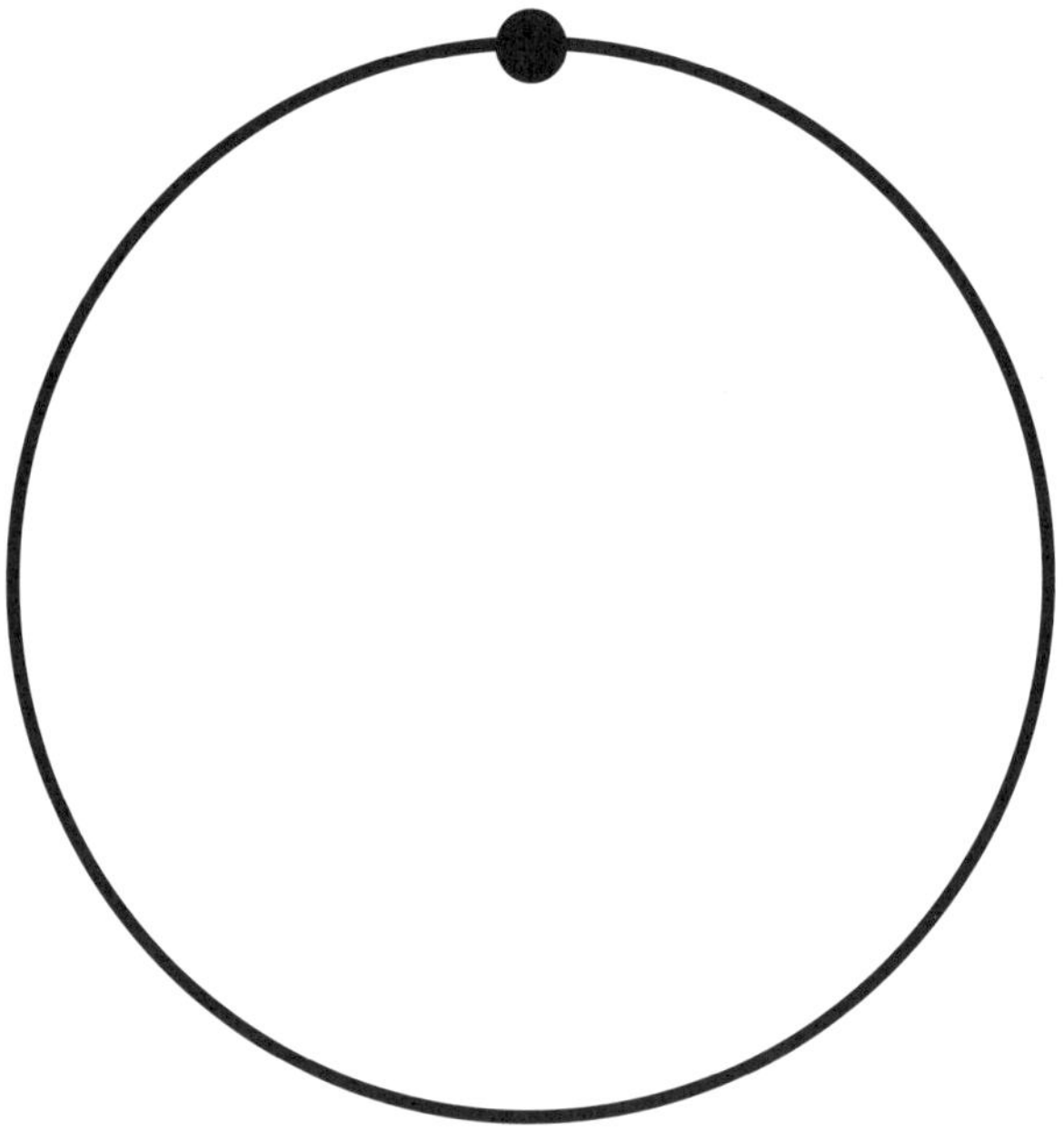

■■■ COLUMN ■■■

米ユタ大学が「川村式速読トレーニング」の効果を発表

ユタ大学神経学研究部のジェフ・アンダーソン博士と彼のナームは、30人の10代女性に英語版速読術「eyeQ」が脳に与える影響に対するテストを実施しました。

その研究にもとづき、eyeQは「十分に効果のあるもの」として認められるとアンダーソン博士は述べています。eyeQの使用前後では、脳の活動量の増加のみならず、脳の処理方法も変わってきていることが証明されました。一般的なeyeQユーザーの能力上昇率として、次のようなものがあげられます。

・米国ナショナル試験において未使用者より21％高い点数
・未使用者より1・5倍速いタイピング速度
・未使用者より2倍の効果的読書能力

eyeQは、実をいうと単純な速読術ではなく、目と脳のトレーニングプログラムです。そして、その利用者は読書や学習、タイピング、筆記、記憶、音楽、集中力アップ、スポーツなど、さまざまな能力を向上させることができます。

eyeQは、間違いなく脳の機能を向上させるプログラムなのです。

な

トレーニング 4
眼筋の縦対角運動

この眼筋縦対角運動は、速く動かすという負荷を与えることによって、上直筋・下直筋・上斜筋・下斜筋の四つの眼筋に筋力をつけます。眼筋円運動と同様に、眼筋をまんべんなく鍛えることができます。

このトレーニングをすると、やがて複数の縦書きの文書をまとめて読む「ブロック読み」（第5章参照）ができるようになっていきます。

トレーニング法

①本を両手でもつ
②目から20センチ離す
③右側上端の黒丸から、番号順に黒丸に視点を移動させることをくり返す
④❶から❹まで視点を移動して❶にもどる視点移動を、約1秒間で行なう
⑤トレーニング時間は約5秒間（❶から❹までいき、❶にもどるのを5回）

眼筋縦対角運動シート

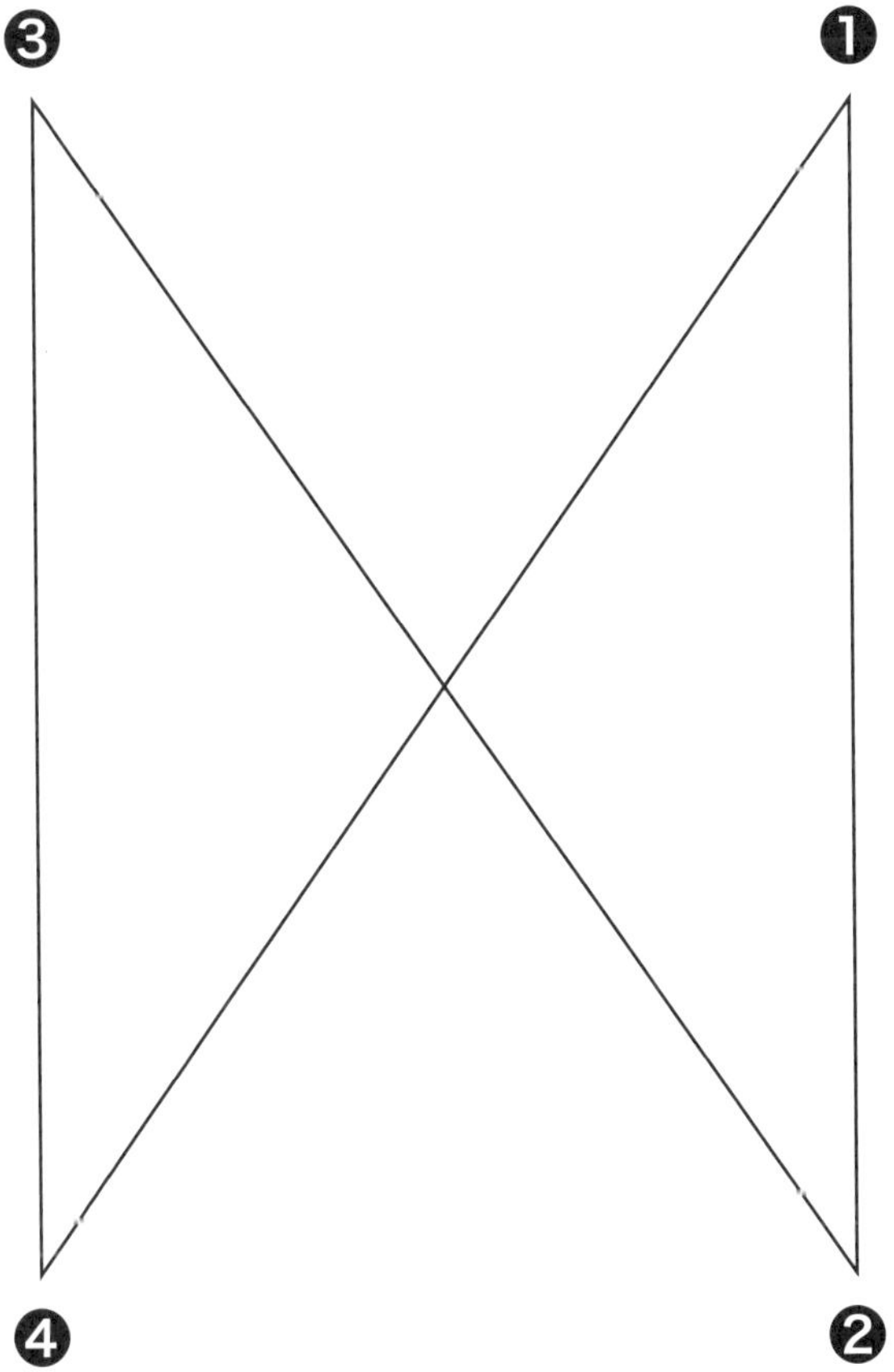

トレーニング5

眼筋の横対角運動

この眼筋横対角運動は、速く動かすという負荷を与えることによって、外直筋・内直筋・上斜筋・下斜筋の四つの眼筋に筋力をつけます。眼筋円運動と同様に、眼筋をまんべんなく発達させることができます。

このトレーニングをすると、やがて複数の横書きの文書をまとめて読む「ブロック読み」（第5章参照）ができるようになっていきます。

トレーニング法

①本を横にして両手でもつ
②目から20センチ離す
③左側上端の黒丸から、番号順に黒丸に視点を移動させることをくり返す
④❶から❹まで視点を移動して❶にもどる視点移動を約1秒間で行なう
⑤トレーニング時間は約5秒間（❶から❹までいき、❶にもどるのを5回）

眼筋横対角運動シート

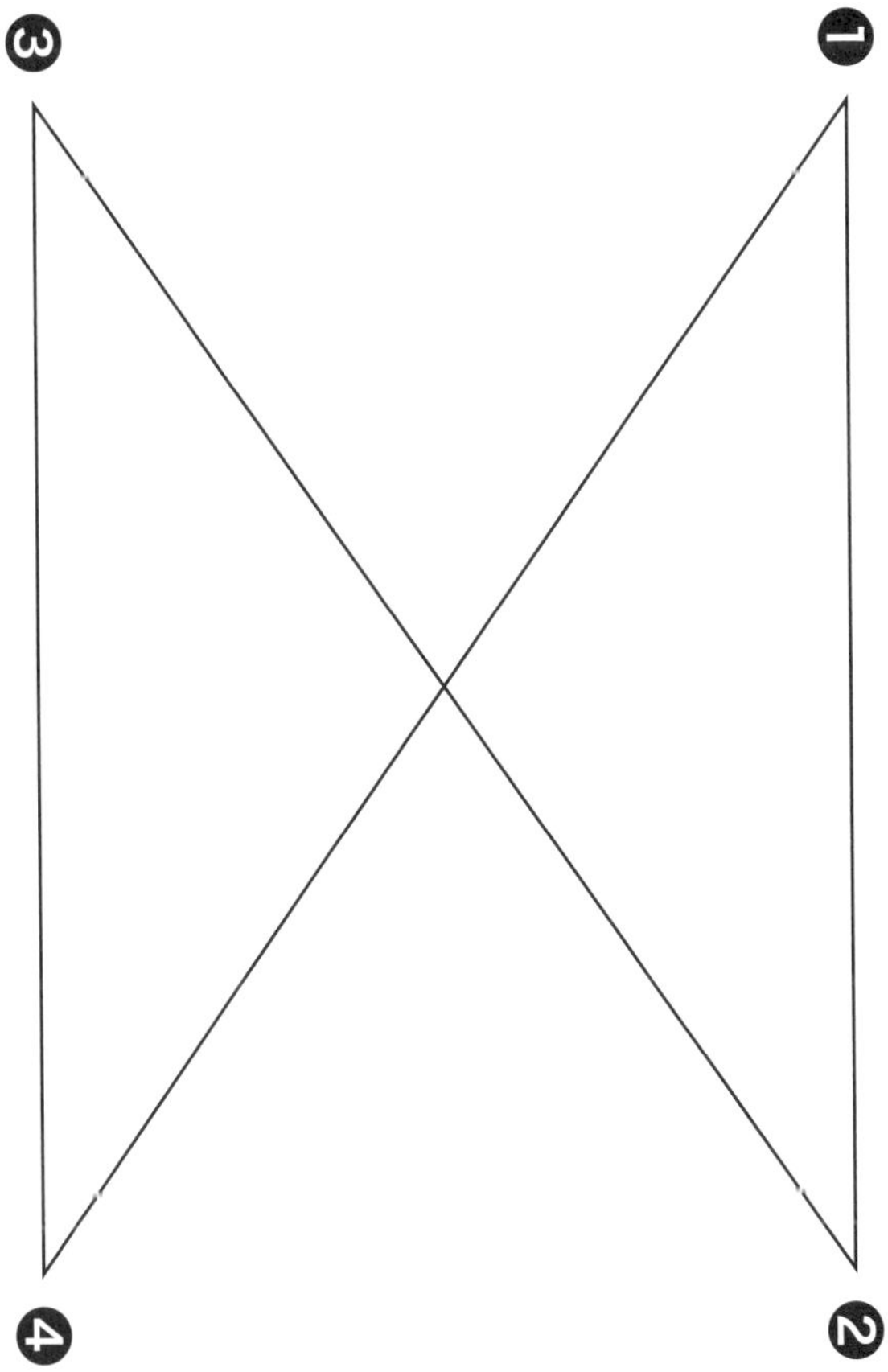

トレーニング6

眼筋のランダム運動

私たちは自然に生活しているとき、6種類の眼筋（上直筋・下直筋・外直筋・内直筋・上斜筋・下斜筋）のすべてを均等に使っています。

ところが、文書を読み始めると、縦書きの文章の場合は、ほとんどが上直筋と下直筋の2種類しか使いません。横書きの文章の場合は、外直筋と内直筋の2種類しか使いません。

そのため、読書量の多い人ほど眼筋の発達状態にアンバランスが生じ、それが原因となって徐々に視力が低下していきます。

この眼筋ランダム運動は、無作為に視点を動かすことによって、6種類の眼筋全体に筋力をつけます。この運動が素早くできると、6種類の眼筋が最も自然に近い状態を取りもどすことになり、視力の低下を予防することができます。

また、眼球をまんべんなく発達させることによって、いったん低下した視力をある程度回復させることも可能となります。

トレーニング法

①本を縦にして両手でもつ
②目から20センチ離す
③矢印から、図形の線上をなぞるように視点を移動させる
④できる限り速く、図形の線上をなぞるようにする
⑤シートAとB、2枚とも同じ要領で行なう
＊Bは、どちらの方向に視点を移動させてもよい

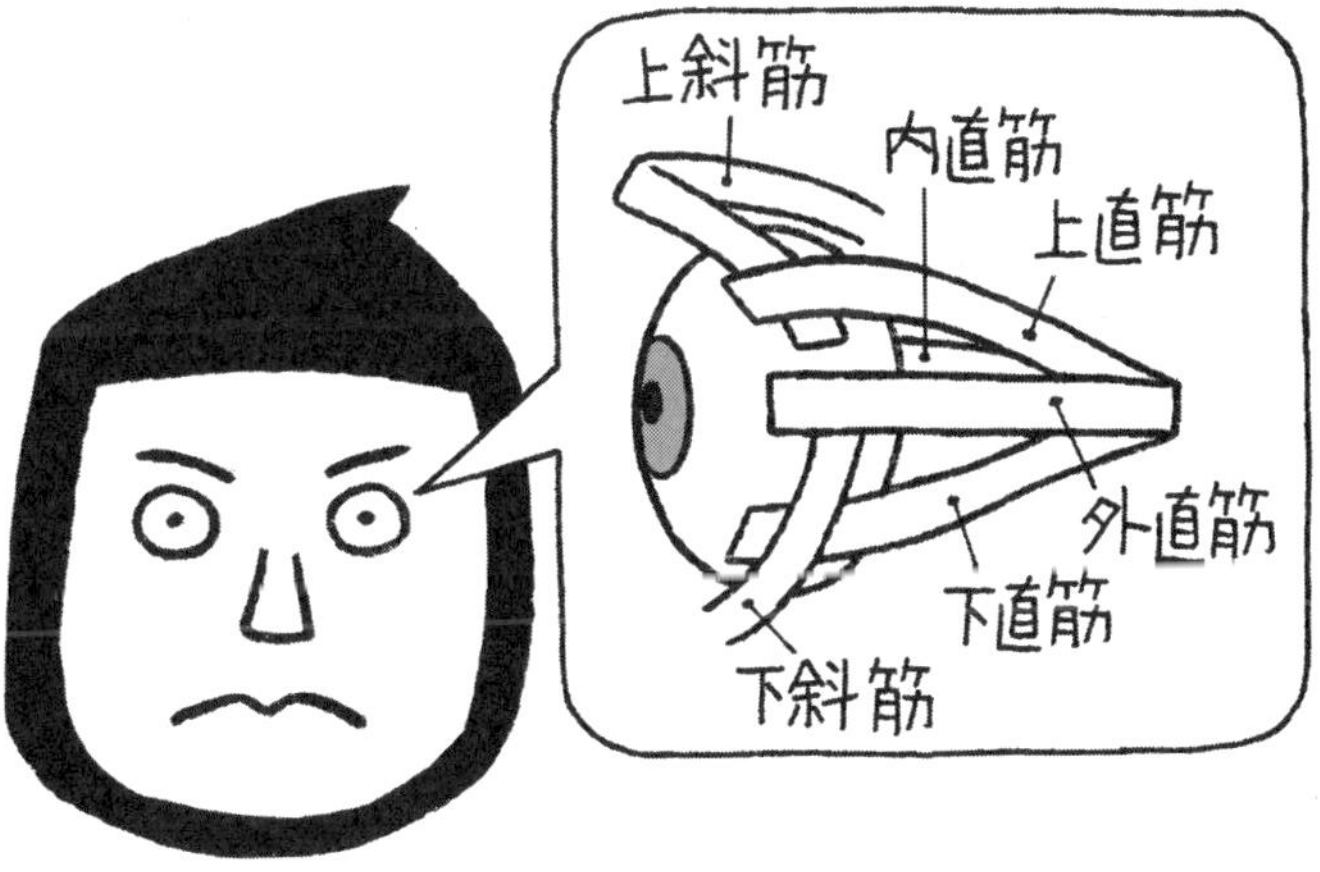

眼筋ランダム運動シートA

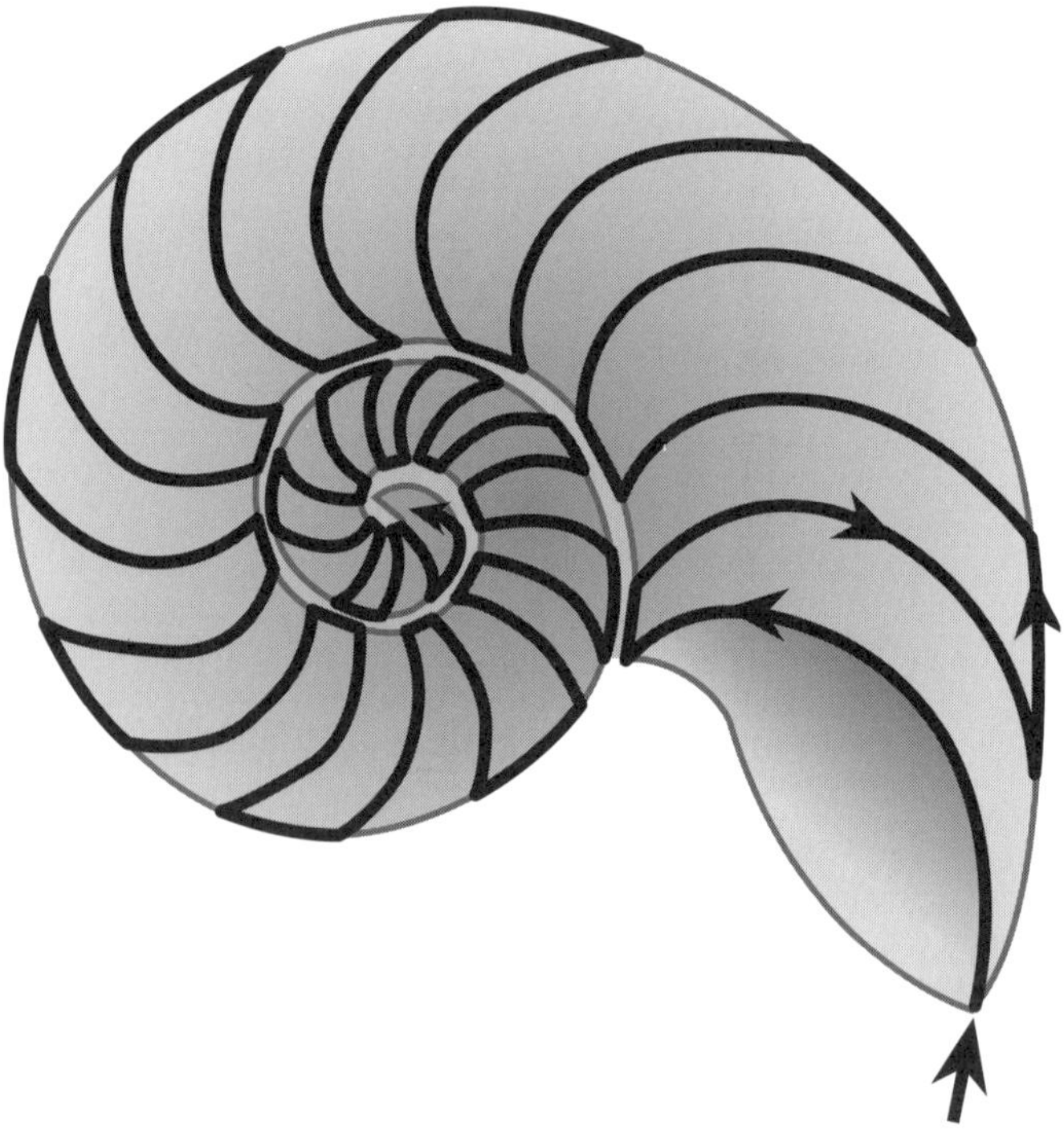

眼筋ランダム運動シートB

トレーニング 7

毛様体筋の遠近運動

人の目を動かしている6種類の眼筋のほかにも、視力に影響を与えている筋肉があります。それが、レンズである水晶体を薄くしたり、厚くしたりすることによって焦点を合わせる毛様体筋です。

読書量が多く、日頃から至近距離のものばかりを見ている人は、近くに焦点が合った状態で毛様体筋が固まってしまっています。その毛様体筋に、もとのように水晶体を薄くしたり厚くしたりする能力を復活させてやるのが、毛様体筋の遠近運動です。

トレーニング法

＊屋外で訓練が可能です

① 50センチ以内の目標物と、6メートル以上離れた目標物を設定する（たとえば、自分の指と遠くにある建物など）

② 二つの目標を交互に、約1秒間ずつ見る遠近運動を行なう

③ 5秒間で終了

SOKU DOKU

右脳の活性化も欠かせない

48ページで「右脳型か左脳型か」をチェックしましたが、ここでなぜ右脳型のほうが、速読トレーニングの効果をより早く体感できるのか、もう少し詳しく説明しましょう。

ひところ、「右脳ブーム」により右脳と左脳のそれぞれの働きや機能の違いに関心が集まりました。右脳を使うと効率的に記憶ができるとか、独創的な企画が出てくるなど、いろいろなことがいわれるようになりました。また、「あの人は右脳型で、この人は左脳型だ」というような行動パターンの特徴づけなどがなされたりしました。

誤解を招かないように書いておきますが、右脳型というのは「右脳だけを使っている人」という意味ではありません。「知的作業において、右脳と左脳をバランスよく使っている人」ということで、正確には「全脳型」といえるでしょう。

また、左脳型は「知的作業において、左脳を中心に使っている人」であり、決して右脳をまったく使っていないわけではありません。

では、知的作業をする際に、どちらの型が望ましいかといえば、左右の脳をバランスよく使っている右脳型になります。

その理由は、右脳型と左脳型では知的作業に取り組んでいるときの精神的ストレスに差があって、左脳型のほうがストレスが大きいからです。

ストレスが大きいと脳細胞にかかる負担も大きくなり、疲労もたまりやすく、結論に到達するまでの時間も遅くなります。

右脳型と左脳型の違いをあらわす例として、そろばんの名人の脳細胞の使い方の研究があります。「暗算名人」と呼ばれるようなそろばんの高段者は、数字を一瞬見ただけで7ケタや8ケタの数字の加減乗除を、暗算でやってのけてしまいます。

彼らの暗算時の脳細胞の使い方を専門的に観察してみると、もちろん通常、計算を行なっている左脳も使っていますが、それ以上に、右脳の視覚野のほうを重点的に使っているのです。

これは、どういうことでしょうか。

そろばんの名人は、まず頭の中にそろばんのイメージを描き出します。そして、そのそろばんが存在しているのと同じくらい明確なイメージを頭に描くため、大脳の視覚野が活動するのです。

次に、読書時の大脳の働きについて考えてみましょう。

読む文章は言語で構成されており、言語野は左脳にありますから、読書の際には左脳が重点的に使われます。

ところがこの場合も、そろばんと同じように右脳の視覚野を同時に使いながら読書をする人がいます。そのような読み方を想像できますか。

ほとんどの人は、文章を読んだら、その内容をストレートに理解しつつ読み進めていきます。ところが視覚野を使っている人は、文章から読み取った内容を一つの情景として頭の中に描き出して、その情景をながめながら読み進めていきます。そのために右脳の視覚野が活動するのです。

また、読書スピードという点でも、右脳型の読み方のほうが左脳型の読み方よりも格段に速い場合が多いのです。

そこで、速読を確実に身につけるためにも、より右脳型に近づく訓練を行なう必要があるのです。

トレーニング8

視幅拡大トレーニング

人は自然状態では、約180度の広がりの視野をもっています。しかし、文字を読む生活を続けていると、視野を絞り込んで、そのときに意味を読み取っている対象の文字しか見ないで、それ以外の無関係な文字は意識的に視野から除外するという習性が身についてしまいます。

また、視野が狭くなると、それに伴って読書速度も連動して落ちるという現象が見られます。この傾向に歯止めをかけるのが、視野拡大トレーニングです。

トレーニング法❶

①視点を中心の黒四角に置く
②視点を動かさないようにして、見る範囲を外側にスライドさせていく
③いちばん外側にいったら、すぐに中心にもどる
④30秒間で8回以上、スライド（往復）させる

□

■

視幅拡大トレーニングシート

トレーニング法❷

この視野拡大トレーニングは、屋外でもできます。

正面を見たまま、左右両端も意識して、視野を確認できるようにしてください。

歩きながらでも、信号待ちをしているときでも簡単にでき、視幅を拡大するのに効果的です。

トレーニング 9

識幅拡大トレーニング

人の視野には、単に網膜に映して見ているだけの範囲と、意識を集中してその中に表現されている概念や情報を読み取ろうとする範囲の二つがあります。後者は前者の内側に含まれています。そして、この後者の範囲を「**識幅**」と呼びます。

この範囲が狭いと、たとえ視幅が広がっても、瞬時に多くの情報を読み取る「ブロック読み」（第5章）ができるようにはなりません。この識幅を広げるのが、識幅拡大トレーニングです。このトレーニングで読書速度を上げることができます。

トレーニング法❶

①視点を中心の文字に置く（ここでは「務」）
②視点を動かさないようにして、見る範囲を外側に広げていく
③全体的に認識できなくても、四隅に意識を分散させ、まとめて見るようにする
④内外への移動をくり返しながら行なう

識幅拡大トレーニングシート

盾加堂担抗各度数暖拡我張疎遠駅浜業務画全例設備座聴象黄色簡単帝国企何同

朝改原海辺追店頭段気遠式高務国的億知電明住江季藍芸善解

元完部楽帯子姉思財間検分潔務癖見落聞暮東器海歌思考時小

鍋猶予扇番屋正確字蓄令引熱務第愛暮無紀伊債泣小多塩音紀

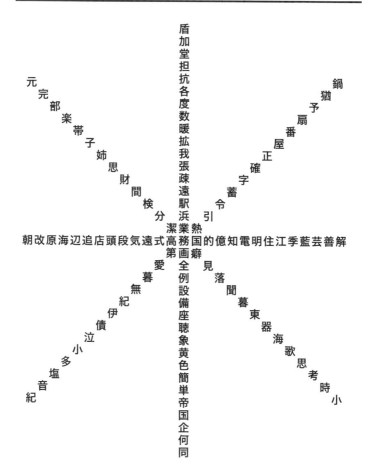

トレーニング法❷

複数の文字情報が書かれたトレーニングシートを自分でつくってトレーニングに使うこともできます。つくり方は以下のとおりです。

①Ａ４くらいの大きさの用紙を10枚以上用意します。スケッチブックのような白紙のノートでもいいでしょう

②その用紙に縦10センチ×横15センチの枠を描き、その中に大きめの文字で４つずつ何か単語を書き込みます。最初は簡単な日常用語にしたほうがいいでしょう

③書き込む言葉とその位置は用紙ごとに変えていき、10枚以上つくるようにします

④つくったシートの右端をとじ、左手でペラペラとめくって見ていきます

⑤余裕があれば、５語、６語、７語……と単語数を増やしてみましょう。また、用途に応じて専門分野の用語や英単語などでもつくってみてください

つくったトレーニングシートを１枚１秒単位で次々にめくっていきます。次々にあらわれる文字情報を一度にまとめてとらえていくのが、このトレーニング法の目的で

す。

文字の数も4語からスタートし、5語→6語→7語→8語と、語数を段階的に増やしてレベルアップしていきます。

最初は理解することを考えないで、文字情報全体の形をとらえるようにして見ていきます。やがて処理能力が高まると、意味まで理解することができるようになります。

識幅拡大トレーニングシートのつくり方

① 紙に縦10センチ、横15センチの枠を書く

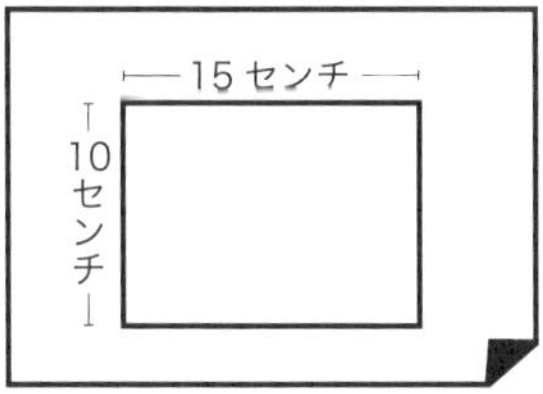

② 四つの単語をランダムに書き込み、10枚以上つくる

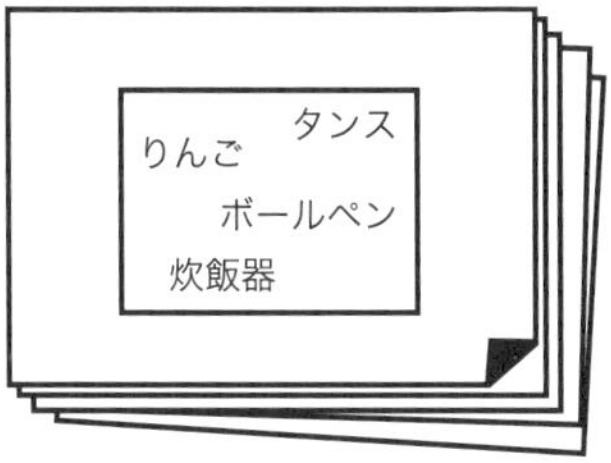

③ シートの右側をとじる

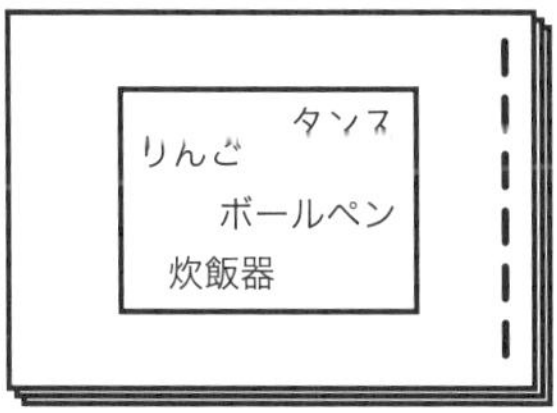

トレーニング10

識力向上トレーニング

速読のトレーニングをしていない人は、通常、文章を読むときに1文字ずつ端から順番に読んでいくという読み方をします。

ところが、たとえば日頃から見慣れた看板文字などなら1文字ずつではなく、多くの文字をまとめて読み取ってしまいます。

このように人間は多くの情報を瞬時に同時に認識する能力を備えているのですが、その能力はトレーニングによって開発しないと、眠ったままの状態に置かれます。

この識力向上トレーニングは、一時に認識する情報の量を増やすトレーニングです。このトレーニングをすると、広い面積内の文字があらわしている概念を瞬時にまとめて認識することができるようになります。

同時に、それによって第5章で説明するブロック読みトレーニングもスムーズにできるようになります。

識幅拡大トレーニングと似ていますが、このトレーニングは目から入ってくる複数の文字情報を処理する速度を高めることが目的です。

トレーニング法

① 識幅拡大トレーニングのトレーニング法2（86ページ）でつくったトレーニングシートを使う

② 最初は、1秒間で1枚のスピードでトレーニングシートをめくる（低速）

③ 次にスピードを4倍に上げ、1秒間で4枚のペースでめくっていく（高速）

④ 今度はその半分の速さ、1秒間で2枚のペースでめくるようにする（中速）

もちろん最初は速くて目が追いつかず、すべての文字情報をはっきりと認識できるとはかぎりませんが、目がスピードに慣れてきた段階で認識しやすくなるはずです。

次は、スピードを中速↓超高速↓高速へと変化させて行ないます。

⑤ 中速は1秒間で2枚のペースでめくり、超高速は1秒間で8枚、高速は1秒間で4枚の速さでそれぞれめくっていく

また、文字情報の語数も4語からスタートして、5語、6語、7語……と段階的に増やしていくようにすれば、さらに効果的なトレーニングができるようになり、広い範囲の文字情報を瞬時に認識し、記憶することが可能になります。

第4章

次元の違うスピードで認識する力をつける

ここから本格的に速読を身につける練習に入ります。「2点読みトレーニング」と「高速ページめくり」で、認識できる文字数が格段に増えていきます。

か

か

速読トレーニング 1

まず文章を読む

眼筋を速く動かす基本的なトレーニングと視野を広げるトレーニングをしてもらったところで、いよいよ文字を使ったトレーニングに移りましょう。

あなたの読書能力を一気に3倍程度、引き上げる速読トレーニングのスタートです。

手元にストップウォッチを用意するか、誰か第三者に立ち合ってもらい、このあとの「トレーニング文」を最初から最後まで読み通し、読破に要した時間を計測してください。

トレーニング文には、すべての行の上下に■のマークがついています。このマークは無視して、あいだに挟まっている文章だけを読むようにしてください（■の意味については、あとで説明します）。

トレーニング法

①トレーニング文の上下についている■のマークを無視して、あいだに挟まっている文章だけを最後まで読む

②最初から最後まで読み通すのに要した時間を計測する

これまでに速読法のトレーニングをしたことがない人の場合、ごく平均的な読書能力をもっている人で15分、読書好きの人で10分程度はかかると思います。

これをトレーニングにより、短時間で3倍程度に読書スピードを引き上げてみたいと思います。

トレーニング文

軽い読み物などの平易な文章を読ませた場合の日本人の平均的な読書能力は、分速４００文字前後です。■

これは子供から老人までを含んだ数字で、成人だけを選んで読書能力を測定すると、分速６００文字前後となります。ごく普通の文庫本、新書が1ページ平均６００文字で印刷されていますから、1分で1ページずつ読んでいく能力をもっていることになります。■

これは、実際に、電車の中で読書している人の10人中9人までが、およそ2分ごとにページをめくっていることからもわかります。■

また、これまで速読法のトレーニングを一切受けたことがない、という人の中から無作為に抽出して、読書能力を測定してみたことがあります。■

その結果は、最低が分速２００文字、最高が分速１０００文字で、その間で「正規分布曲線」を描きました。ピークは分速

４００文字と６００文字の間でした。

さらに、多くの文章を扱う業務に携わっている、出版社の編集者の読書能力を測定してみたところ、最低が分速６００文字、最高が分速１２００文字で、その間で正規分布曲線を描きました。ピークは分速８００文字のところです。成人の平均値よりも、分速２００文字ほど高かったわけです。

同じく、資格試験専門の予備校の受講生（これは、現役の大学生から年輩の方まで、年齢構成に幅があります）の読書能力の平均値は、分速８００文字前後でした。

このことから、文章を多く扱う業務に携わっていて、活字に接したり文章を読む機会の多い人たちの読書能力の平均値は、分速８００文字前後であることが推測されます。

速読法とはどのようなものなのか、おおよそのイメージはつかんでもらえたと思いますので、次に、どのようにすれば人間の読書能力を高めることができるのか、具体的に話を進めてい

い

い

くことにしましょう。

まず、人間が脳細胞を使っているときの状態を客観的に観測できるポジトロン観測という科学的な手法があります。

この観測方法は、人体に影響がない程度の微弱な放射能でマークしたブドウ糖などを血液中に注射し、思考活動などをした際に脳細胞（大脳）のどこが主として使われるのか（どこの部位の血液流量が多くなるか）を、放射能を目印として測定するものです。

この観測方法によれば、数学の計算をしたり、論理的な思考（読書などもこれに含まれます）をすると、左脳（本人からみて大脳の左半球）の一部に片寄って多量の血液が流れ込み、他の部位の血液流量が少なくなることがわかりました。

言い換えれば、多量の血液が流れ込んだ部位の脳細胞のみを使っていて、他の部位の脳細胞は遊ばせているということです。

より深く理解してもらうために、ここでちょっと人間の大脳を解剖学的に説明してみましょう。

人間の大脳は、深いシワのようなもので表面全体が覆われており、正中線（正面から人間を見た場合に中心となる縦の対称線）に対応する中央の位置に、深い溝があります。

この溝の中心部を「脳梁《のうりょう》」と呼び、大脳は、ここを中心にほぼ左右対称の形になっています（顔と同様に、厳密に見れば左右対称ではありません）。最近では脳梁を境界線として、左側の左半球を「左脳」、右側の右半球を「右脳」と呼ぶようになっています。

また脳梁と直角に交差するように、大脳のほぼ真ん中に上下に走っている、脳梁よりやや浅い溝があります。これを「中心溝《こう》」と呼んでいます。

さらに、この中心溝の前方（額の側）を「前頭葉」、それより背面の後方（大脳の中心部よりやや後方）を「頭頂葉」、後方にある部分を「後頭葉」、外側溝から斜めに走る下側を「側頭葉」と呼んでいます。

　これらのさまざまな大脳の領域は、全体で漠然とさまざまな作業を受けもっているのではなくて、視覚、聴覚、運動、言語など、領域ごとに責任分野を明確にして働いています。

　このことは、先ほど述べたポジトロン観測や臨床医学的な方法などによって、しだいに明らかになってきました。

　大脳は一見したところ左右対称に見えますが、よくよく見ると、厳密に左右対称ではなくて、左右の形が微妙に違っています。

　これは脳細胞の領域ごとに受けもっている業務の内容がすべて異なっているためなのです。

　たとえば、言語をつかさどっているのは左脳の言語野と呼ばれる領域で、これは右脳にはほとんど存在しません。

　言語野は左脳に存在することから、左脳をとくに「言語脳」と呼ぶことがあります。

これに対して右脳を、さまざまな役割の中でもとくに音楽的な能力を受けもっていることから、「音楽脳」と呼ぶことがあります。

さて、最近は「右脳」ブームによって、左右脳の働きや機能の違いに深い関心がもたれるようになり、右脳を使うと効率的に記憶できるとか、すばらしい企画が出てくるとか、さまざまなことがいわれるようになりました。また、それに伴って「あの人は右脳型だが、この人は左脳型だ」というような行動パターンの特徴づけなどもされています。

誤解を招かないように再定義しておきますと、右脳型というのは「右脳だけを使っている人」という意味ではなく、「知的作業において右脳と左脳をバランスよく使っている人」ということで、正確に定義すれば、むしろ「全脳型」といえるでしょう。

また、左脳型というのは「知的作業において、左脳をとくに中心に使っている人」ということで、決して「右脳をまったく使っていない人」という意味ではありません。

では、作業をするうえでどちらの型が望ましいかといえば、左脳右脳をバランスよく使っている右脳型になります。

その理由の一つには、右脳型と左脳型では知的作業に取り組んでいるときの精神的ストレスに大差があって、左脳型のほうがストレスが大きく、それに負けやすいことがあげられます。たとえば、ある重量物を支えるのに、支点が三つあるのと四つあるのとでは、どちらのほうが支点の負担が大きくなるでしょうか？

重量は同じなのに、支点が三つのほうがたいへんです。長時間、カーペットの上などに重い物をのせておき、どかしたときにカーペットのへこみが大きいのは支点三つのほうです。

知的作業は、こういう物理的な重量をもっているわけではありませんが、理屈は同じで、その作業に関与する脳の領域が広ければ広いほど、各脳細胞の負担が少なくて疲労も少なく、結論に到達するまでの時間も早いのです。

そのことをよく示す例として、そろばんの名人の脳細胞の使い方の研究があります。

世の中には「暗算名人」と呼ばれるそろばんの高段者がおり、7桁8桁の数字の加減乗除を、何の筆記用具も使わずに苦もなく、やってのけてしまいます。

こういう人たちの暗算時の脳細胞の使い方をポジトロン観察してみると、もちろん通常計算を行なっている左脳も使っていますが、それ以上に、右脳の視覚野のほうを重点的に使っているのです。

これは、いったいどういうことでしょうか？

そろばんの名人は、まず頭の中に想像でそろばんの幻影を描き出します。そして、その想像のそろばんを動かし、計算をするわけです。つまり、実際にそこにそろばんが存在しているのと同じくらいに明確な幻影像を頭に描くため、大脳の視覚野が活動するのです。

次に読書時の大脳の動きについて考えてみましょう。

読書する対象の文章は言語で構成されており、言語野は左脳にありますから、読書の際には左脳が重点的に使われます。

ところがこの場合も、そろばんと同じように右脳の視覚野を同時に使いながら読書する人がいます。そのような読み方が想像できるでしょうか？

たいていの人は、文章を読んだら、その内容をストレートに理解しつつ読み進めていきます。

ところが、視覚野を使っている人は、文章から読み取った内容を一つの情景として頭の中に描き出して、その情景を眺めながら読み進めていきます。それで、右脳の視覚野が活動するのです。

また、読書スピードという点でも、右脳型の読み方のほうが

左脳型の読み方よりも格段に速い場合が多いのです。■

読書時における大脳の働きを実感するために、ちょっと実験をしてみましょう。■

一見、なんの意味もない単純な黒丸が、ページ全体にズラリと並んでいるとします。ところが、これは実は非常に意味のある検査なのです。■

まず、いちばん上端の黒丸を見て、そこに視点を固定します。そのままの状態で、いちばん下端の黒丸をはっきり認識することができるでしょうか。■

たいていの人は識別することができると思います。近視の方で、下から二つ分ぐらいの黒丸がボケてしまう場合には、最初の視点を中央付近の黒丸まで下げれば、上下左右の四隅の黒丸を識別することができるでしょう。■

では次に、活字だけのページ（もちろん、この本のどこかのページでもかまいません）に視線を転じて、活字を意味のない

黒丸だと思って（いい聞かせて）、同じ識別作業をしてみてください。■

いちばん上端の文字を見て、そこに視点を固定したままの状態で、いちばん下端の文字がなんという文字か、識別することができるでしょうか？■

先ほどとは逆に、識別できる人はあまりいないでしょう。では、黒丸の場合と同様、最初の視点を中央付近の文字まで下げてみたらどうでしょうか？■

やはりこれも、識別できる人はあまりいないでしょう。■

それでは、もっと簡単に、ただの1行だけを見ることにして、ある長い行の中央付近の文字を見て、そこに視点を固定したままの状態で、左右の端の文字を識別することができるでしょうか？■

これだけ見る範囲を狭くしても、まだ識別できる人は少ないはずです。■

大多数の人は、視点を固定した位置を中心に、せいぜい多くて左右5～7文字くらいしか識別できないのではないでしょうか。■

無意味で単純な黒丸なら広範囲を見渡せるのに、意味をもっている文字が対象になると、非常に狭い範囲しか識別することができなくなるのです。■

これは実は、無意味な黒丸を見ているときにはストレスがないのに、文字を見ているときにはストレスが発生して、それが原因となって視野が狭まったからです。■

そして、このストレスのために大脳の機能のかなり大きな部分が不活性化し、能力が制御されてしまうのです。■

ですから、このストレスを除去、あるいは軽減するだけで、大脳機能の相当な活性化が図れるのです。■

大多数の人は、「文字を見るとストレスに覆われる」などといわれてもピンとこないでしょうから、次にそのことについて説明しましょう。

あるスポーツに初めて取り組む場合を考えてみましょう。

初心者の場合には、体の動かし方のコツが十分に把握できていませんから、頭で考え、意識の力を使って手足を動かそうとします。

この「頭で考え」というのは一種の論理ですから、左脳が主導権を握ります。

そうすると「早く覚えたい」という意識がプレッシャーとなって襲いかかり、手のことを考えたときには足のことが考えられず、足のことを考えたときには手のことが考えられず、という状態になります。

もちろん、プレッシャーはストレスの大きな原因となるわけで、人間はストレス時には、このように意識を広範囲にまんべんなく行き渡らせる、ということが困難になり、片寄った狭い範囲にしか意識を向けることができなくなります。

さて、先ほどの文字の識別に話を戻しましょう。

「文字を見ると、視野が狭められて狭い範囲しか認識できなくなるのは、ストレスが作用しているのである」ということを生理学的にいい直すと、「ストレス時に起きる自律神経の作用を意識の絞り込みと集中のために流用している」ということになります。

が

が

速読トレーニング２

2点読みトレーニング

それでは、ここでトレーニング文の冒頭（94ページ）にもどります。今度は文章を読まず、それぞれの行の上下につけた■だけを見ていきます。上下、上下と視線を動かし、できるだけ素早く次の行に進んでください。

上下についている目印の■だけを見て、中身の文章は読まないので「2点読みトレーニング」と呼んでいます。

制限時間は10秒間です。

誰かがそばにいれば10秒を計測してもらい、誰もいなければタイマーを利用するなどの方法で、正確に10秒でストップしてください。そして、10秒でどこまでいけたか、タイムアップ後に行数を数えてください。

トレーニング法

①トレーニング文の上下についている■のマークだけを、上下、上下と、できるだ

け素早く見ていく

② 10秒間で何行目までいけたかを数える

どうでしたか。10秒間で、あなたは何行目までいくことができましたか。

自分のレベルをチェックするため、おおよその基準を紹介します。

①10行未満　指示をまったく守っていません。■と■のあいだの文章は見ない、読まないと注意されていながら、つい文字に引きずられて読んでしまっています。

②10行～19行　意識としては指示を守ろうとしていながら、潜在意識に文章を読みたいという欲求が残っていて、気づかないうちに読んでしまっています。

③20行～29行　忠実に指示を守っています。しかし、正確に行をたどるということに過剰に意識を使いすぎています。

④30行～39行　指示を完全に守っていますが、やや眼の筋肉（眼筋）が運動不足気味で、ペースをそれほど上げることができませんでした。

⑤40行以上　あなたの残した結果は立派なものです。初級レベルの速読法の修得は目前です。

眼を素早く動かすことで潜在能力の壁を破る

2点読みトレーニングは、行頭の1文字と行末の1文字のあいだを素早く目を動かして見ていくトレーニングです。

これは、あいだの文字群を意識的に視野から排除して見ないのではありません。視野は広い状態に保って、視野には入って目に映っているけれども、その意味を認識したり、読もうとはしないということです。

こうした文字の上を素早く視線を走らせるだけの単純なトレーニングでも、潜在意識が活性化し、初歩の速読能力を身につけることができるのです。

この2点読みトレーニングでは、制限時間の10秒で、できれば2ページ目の後半まで か、最低でも2ページ目までいっていなければなりません。

しかし、そこまでいかなかった人がたくさんいるだろうと思います。長い間の読書習慣からくる先入観にまどわされて、潜在能力の壁を破ることができなかったのではないでしょうか。

それでは、ここで再度、潜在能力の壁を破ることにチャレンジしてみましょう。

上下、上下と素早く目印の[redacted]を見ていくことに、多少の見落としがあってもかまいません。拙速がモットーのスピード追求のトレーニングと考えて、109ページの⑤以外だった人は再チャレンジしてください。

ただし、注意しておきますが、初めてこのトレーニングを行なう人は、目標の数値に達成できなかったからといって、続けて三度も四度もくり返してはいけません。

このトレーニングは眼筋にかなり負担をかける運動ですから、しばらく時間が経過した翌日などに、目に疲労性の痛みが走ることがあるからです。

痛みが出るのは、トレーニング直後ではありませんから、くれぐれも用心してください。

トレーニング開始の初日は、反復練習は2回程度までにとどめてください（ただし、朝2回、夜2回というように十分なインターバルを置けば大丈夫です）。

2点読みトレーニングを行なったあと、もう一度、例文を通読してみてください。おそらく半分くらいの人は意外な現象に遭遇して、狐につままれたような思いをするはずです。

は

7分で読み終えた人あり、5分で読み終えた人あり、3分で読み終えた人ありと、個人差はあると思いますが、**とにかくこの単純なトレーニングをしただけで、読書能力は飛躍的に向上したのではないでしょうか。**

まったく読書能力が向上しない人は、だいたい前述のトレーニングで①と②に該当する数字しか残せなかった人の中から出ます。

しかし、そういう人も何日か眼を素早く動かすトレーニングを続けて、④か⑤の数字を残せるようになれば、間違いなく初めの数倍の速読能力を獲得できることになります。

また、この2点読みトレーニングを行なう場合には、左ページの「2点読み図柄シート」も、ぜひ活用してください。

このシートは、左右の■のあいだが、例文のかわりに意味のない図柄になっています。そのため文章に意識が向かわず、左右の■だけを見て、視点を素早く動かす訓練に役立ちます。

2点読み図柄シート

■＃＃＃＃＃＃＃＃＃＃＃＃＃＃＃＃＃＃＃＃＃＃＃＃＃■

■※※※※※※※※※※※※※※※※※※※※※※※※※■

■◇◇◇◇◇◇◇◇◇◇◇◇◇◇◇◇◇◇◇◇◇◇◇◇◇■

■♧♧♧♧♧♧♧♧♧♧♧♧♧♧♧♧♧♧♧♧♧♧♧♧♧■

■♡♡♡♡♡♡♡♡♡♡♡♡♡♡♡♡♡♡♡♡♡♡♡♡♡■

■♤♤♤♤♤♤♤♤♤♤♤♤♤♤♤♤♤♤♤♤♤♤♤♤♤■

■＆＆＆＆＆＆＆＆＆＆＆＆＆＆＆＆＆＆＆＆＆＆＆＆＆■

■＄＄＄＄＄＄＄＄＄＄＄＄＄＄＄＄＄＄＄＄＄＄＄＄＄■

■♂♂♂♂♂♂♂♂♂♂♂♂♂♂♂♂♂♂♂♂♂♂♂♂♂■

■♀♀♀♀♀♀♀♀♀♀♀♀♀♀♀♀♀♀♀♀♀♀♀♀♀■

■§§§§§§§§§§§§§§§§§§§§§§§§§■

■♪♪♪♪♪♪♪♪♪♪♪♪♪♪♪♪♪♪♪♪♪♪♪♪♪■

■〒〒〒〒〒〒〒〒〒〒〒〒〒〒〒〒〒〒〒〒〒〒〒〒〒■

■ΩΩΩΩΩΩΩΩΩΩΩΩΩΩΩΩΩΩΩΩΩΩΩΩΩ■

■￥￥￥￥￥￥￥￥￥￥￥￥￥￥￥￥￥￥￥￥￥￥￥￥￥■

■☆☆☆☆☆☆☆☆☆☆☆☆☆☆☆☆☆☆☆☆☆☆☆☆☆■

■◎◎◎◎◎◎◎◎◎◎◎◎◎◎◎◎◎◎◎◎◎◎◎◎◎■

■❀❀❀❀❀❀❀❀❀❀❀❀❀❀❀❀❀❀❀❀❀❀❀❀❀■

■❖❖❖❖❖❖❖❖❖❖❖❖❖❖❖❖❖❖❖❖❖❖❖❖❖■

視野を狭く絞り込まないように！

ここで念を押しておきますが、速読法のトレーニングだからといって、気張って無理に速く読むようなことをしてはいけません。

理解力を落として読んだのでは、それ以前の読み方と比較対照することができませんから、正確な上達度を知ることができません。

逆にいえば、理解力を落とさずに読むということは、それまでとまったく変わらない読み方で読む、同じスピードで読んでいるつもりで読むということなのです。

また、2点読みトレーニングでは、上下の目印の■の2点だけを見て、あいだの文章を読まないわけですが、読まないといっても、あいだに挟まっている以上は、どうしても視野に入ります。

もし入らないようであれば、「上下の目印の■だけを見るように」と指示されたことを真面目に守ろうとして視野を絞り込み、文字の部分を意識の視野から押し出してしまっていることになります。

速読法においては、視野を狭く絞り込むことは禁止です。

絶対にはしてはいけません。

読まなくても、高速で通過するものを見ていると、その間に高スピードに対する順応反応が起きてきて、54ページで述べた高速道路から一般道路に降りたときと同様に、元のスピードにもどした（きちんと理解しながら読む）つもりでも、実際には自然と以前よりも速く読めてしまうことになるのです。

読むのが遅くなる原因を考えてみる

実は、**これまであなたは本を読む場合にかぎって、異常に遅い眼の使い方をしてきたのです。**ここで、それを実証してみましょう。

これまでどおりの本の読み方をしたあと、紙面から眼を離して周囲を見まわすときに、活字を追っていたのとまったく同じスピードで、視線を動かしてみてください。どうでしょうか。そうすると、あまりの遅さにイライラしてきて、すぐにもっと速く眼を動かさないではいられなくなるはずです。

いままでは、読書をする場合にかぎって、異常に遅い眼の使い方をしてきたのですが、長いあいだそれが正常であると習慣によって思いこんできたので、その異常さに気づかなかっただけなのです。

この遅読の習慣は、最初は音読によって芽生え、培われます。なぜなら、どんなに早口で読んだとしても、声帯という筋肉器官の動きには、読むスピードに限界があるからです。

ところが、2点読みトレーニングのように「読まずに見ただけで、どんどん先へ進む」ということをすると、声帯を動かしている余裕などありませんから、スピードに対する慣れと同時に、「文字を見たら声を出す」「頭の中で音読する」という条件反射的な習慣も希薄になります。

つまり、**条件反射というブレーキを外して、もてる能力を最も自然な状態で発揮させようというのが速読法のトレーニング**なのです。だからこそ、かなりの短時日でも修得できるのです。

このトレーニングで伸び悩む人は、速いスピードのまま意味の読み取りにもどったときに頭の中で読んでしまう習慣をどうしてもやめられない人です。

２点読みトレーニングの驚異的な効果

２点読みトレーニングで、10秒間の制限時間でコンスタントに40行目までいけるとします。そのペースで目印の■のあいだの文字を読み、しかも内容がキチンと理解できたとすると、普通の文庫本や新書で、おおよそ分速７０００文字というペースになります。

ところで、１００メートルを全力疾走した場合、11秒で走れる人もいれば、どうやっても18秒かかる人もいます。

この２人に、「１００メートルを15秒ペースで走って、周囲の景色や人を観察するようにしてください」という注文をしたら、どうでしょうか。

11秒で走れる人にとっては、それほどむずかしい注文内容ではありませんが、全力疾走でも18秒を要する人にとっては、最初から無理な注文です。

これと同じことが速読にもいえます。文章を読まずに、ただ視線を走らせるだけで10秒間で40行目までいきつけない人は、分速７０００文字のペースで読んで、しかも内容を理解することは絶対に不可能です。

しかし、10秒で45行目までいきつける人だったら、分速7000文字ペースは、能力を下回るペースですから、読んで内容を理解することは、さほど困難ではないのです。

この、ただ単に視点を走らせるペースと内容を理解できるペースの差ですが、私の長年の経験によると、多少の個人差はありますが、だいたい半分のスピードなら大多数の人が無理なく理解できるようです。

つまり、10秒間で40行目まで行き着ける人なら、分速4000文字のペースで読んでも、内容をきちんと把握できることになります。

3分の1や4分の1に落ちてしまう人もいますが、そういう人は文字を見ると、ついつい心の中で音読して確認する遅読作業をしてしまっているわけです。

この2点読みトレーニングは、ごく初歩の速読のテクニックで、速読法でもさわりの部分にすぎませんが、ジョギングの距離を少しずつ延ばしていくような感じで、あせらずトレーニングに取り組んでいけば、10秒間で40行目以上をクリアするのは、それほど大変なことではありません。

ぜひ、毎日少しずつ実行して、真偽のほどを身をもって体験してください。

SOKU DOKU

第2段階は「高速ページめくり」

遅読になる原因には、二つの条件反射があります。

第一の条件反射は、すでに述べたように音読およびそれに準ずる黙読の習慣です。これは2点読みトレーニングにより、ゼロにするか、ゼロにはできないまでもかなり希薄にすることが可能です。

そして第二の条件反射は、視野を絞り込むことで、とくに右脳が働きにくいように脳細胞のスイッチをオフにしてしまうことです。

これは文章が視野に入ってくるペースが、中途半端に理解できそう、覚えられそうなスピードのため、そのような反射が起こるのです。したがって、絶対に内容が理解できないくらいのスピードでトレーニングすれば、この条件反射は起こりません。

そこで、第2段階のトレーニングを紹介します。「**高速ページめくりトレーニング**」と呼ばれる独特のトレーニングです。

あなたはこれまで、ページをめくるときには片手で本の背表紙を支え、もう一方の手の親指の腹でページをめくっていたと思います（そうでない人もいるでしょうが）。

しかしこの方法では、分速1万文字程度のスピードまでにしか対応することができません。そのため速読法が上達してくると、手が目に追いつかないという現象が起きてくることがあります。

この「高速ページめくりトレーニング」には、そういう事態に備えての読み方という目的もないわけではありませんが、むしろ、効率的に視野の絞り込みの条件反射を制御する（条件反射を起こさせない）ことが主な目的になります。

また、高速ページめくりトレーニングには二つの目的があります。

まず第一は、速読が上達したとしても視野に入っていない文字を読み取ることは不可能ですから、つねに意味を読み取る速度以上の速度でスムーズにページをめくれるようにすることです。

第二の目的は、ページをめくるときには指先が刺激されますが、その刺激によって大脳を活性化することです。指先を刺激することで大脳の血行がよくなり、大脳の働きが活性化され、大脳の老化が防止されるなどの効果があるといわれています。

このトレーニングを行なうか行なわないかで、速読の上達度にも大いに差が生じてきます。

速読トレーニング 3

高速ページめくりトレーニング

「高速ページめくりトレーニング」は、高速であらわれては消えていく文字を見ることによって潜在能力を活性化させるトレーニングです。ただし、習得するのにある程度のトレーニング期間が必要なので、適当な時間があるときに行なって、5～6冊の本がすり切れてつぶれるくらいのつもりで取り組んでください。

【高速ページめくり】

お手元に200ページぐらいの縦書きの本を1冊、用意してください。背のやわらかい本（ソフトカバー）で、勢いよくページをめくったときに弾力があって、よくしなるような本を選んでください。また、できるだけ文字の大きい本にしてください。小学校の低学年向けの児童書でもOKです。ただし、必ず背のやわらかい本にしてください。

右手で軽く背表紙の部分を支え、左手の親指の腹でページを「しごく」ような感じで、できるだけ速くページをめくります。銀行員が札束をビューッと数える要領です。もちろん、ただめくるだけではなく、本の中央の綴じしろ近くの行も、ちゃんと視界に入る状態でめくる必要があります。

1冊を2秒前後でめくれるようになるまで、何度でもくり返してください。

どうでしょうか？　印刷された行の全部が見えるように気を使うと、意外にむずかしいはずです。1枚ずつ正確にめくることができず、2、3枚をいっぺんにめくってしまったりします。実は、左手で正確にページがめくれるというだけで、相当な右脳の活性化トレーニングにもなっているのです。

それでは、次に左右の手を替えて、左手で軽く背表紙を支えて、先ほどとは反対に、本の最後から右手の親指の腹でしごいてページをめくってみてください。

あなたが右利きだったら、今度はそれほどの苦労もなく、正確に1枚ずつめくれたと思います。これは、それだけ左手はこうした作業をしていなかったため、運動をつかさどる神経が鈍感になっていたということです。

何度もページめくりトレーニングをすると、やがて親指の付け根付近の筋肉が疲労して、はれたり、痛みを覚えたりするようになるはずです。そんなときは少し休んで、インターバルを置き、またトレーニングを再開します。

この左手でページをめくるトレーニングが右脳の活性化になる理由は、左手を支配しているのは神経がX状に交差している右脳だからです。ここまでが準備段階です。

次からが、実際に行なってもらうトレーニングです。

〈第1段階〉高速ページめくりトレーニング

200ページの本を最初から最後まで、0・3秒から0・5秒で、ビュッと勢いよくめくる。10秒間で、20回から30回くり返し行なう。

このトレーニングを休憩をはさみながら、5回くり返す。

なお、高速・中速・低速いずれの場合も、視点を本の中央、ページの綴じしろの部分に置き、印刷さ

本を0.3～0.5秒でビュッとめくる

れた文字が視野に飛び込んでくるのにまかせ、自然体で眺めるようにしてください。自然体というのは、交感神経がほとんど作動していない状態、副交感神経の支配下にある状態ということです。

〈第2段階〉文字識別トレーニング

高速ページめくりをしながら、本に印刷されている文字も見るようにする。チラッとでも見えればOK。

この訓練により「文字は消えないものだ」という潜在意識が、徐々に「文字は消えるもの」という潜在意識に切り替わっていきます。

高速ページめくりで文字を見る

〈第3段階〉中速ページめくりトレーニング

「高速」の約半分のスピードでめくる。10秒間で、10回前後にスピードを落とす。

まだほとんどの文字は流れて見えないでしょうが、続けることによって目が次第に速さに順応し、見えるようになる。

〈第4段階〉低速ページめくりトレーニング

10秒間に1回のスローペースで、1冊の本を最初から最後までめくる。ページを飛ばさず、一定のペースで最初から最後までめくれるように練習しよう。

このくらいの速さになると、イラストなどがあれば見え、中にはかなりの単語が読み取れる人もいる

少しスピードを落とす（1秒で1回）

10秒に1回のペースに落とす

はずです。

（時間に余裕があれば、第1段階からここまでのトレーニングを反復して行なってもよい）

〈第5段階〉ページめくりカウントダウン1

1秒間に8ページのペースに落とす（200ページだと1冊25秒）。

そのあと、さらに1秒間に4ページ（同50秒）、2ページ（同100秒）とスピードダウンする。視野の範囲内にある文字は、だいぶ目に入ってくるようになっているはず。

る

1秒に8ページめくるスピードに

る

〈第6段階〉ページめくりカウントダウン2

1秒間に1ページのペースでめくっていく。印刷された文字の幅を広い刷毛で塗りつぶすように、目をW字形に動かしながら見ていく。ただし、まだ意識して読もうとしてはいけない。

同じペースで、最初から最後までめくれるようにトレーニングする。

〈第7段階〉高速なぞり訓練

可能なかぎり猛スピードで視線を動かし、各行の印刷された文字を目でなぞっていく。まだ意味を意味を読み取るのではなく、ひたすら先へ進むことを考える。

10秒間行なって、少し休憩し、また行なうようにする。

高速はもちろん、中速であっても、最初はとうてい内容の把握などできたものでは

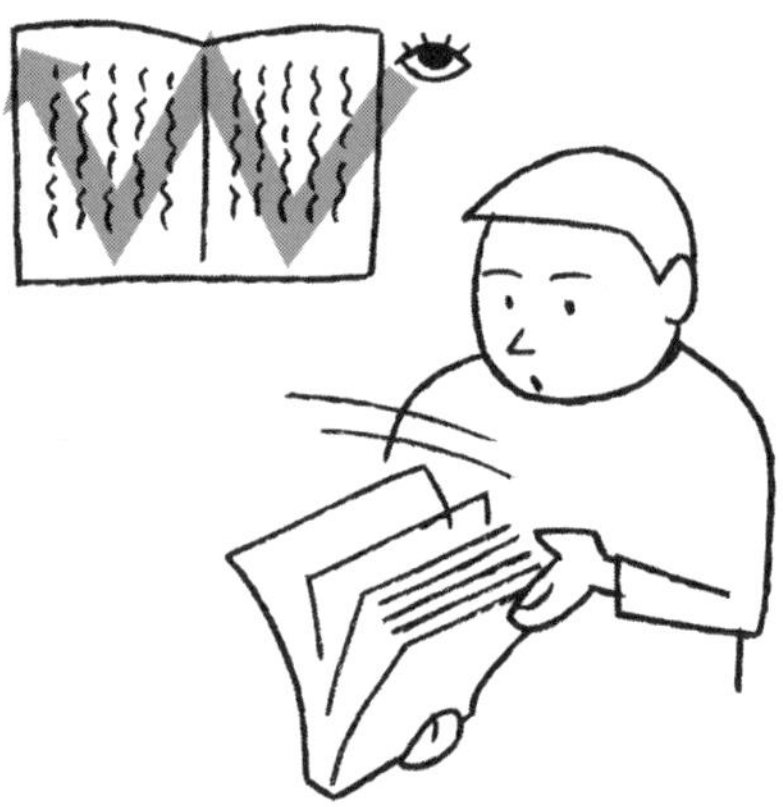

1秒に1ページめくるスピードにする

ありません。ところが慣れというのは恐ろしいもので、**最初はまったく見えなかった、識別できなかった文字群が、このページめくりのトレーニングを続けているうちに、しだいにクッキリと見えるようになってきます。**

眼がページめくりの猛スピードに慣れて、順応したのです。

ただし、文字群が見えるようになっても、印刷されている文章内容を理解して把握するということは、まだほとんどできないはずです。文字が見える、識別できることと、理解できることの間には、依然として大きなギャップがあることがわかります。

また、見えるようになったからといって、ページを埋めている全部の文字が明確に識別できるわけではありません。ごく部分的に数個の文字が見分けられれば十分です。ページ全体の半分でも3分の1でも、人によっては1割程度でも差し支えありません。

このトレーニングによって、「文字は消えないものだ」という固定観念が、「文字は消えるもの」であり、しかも「きわめて短時間で消滅するものだ」という潜在意識に徐々に切り替えられていきます。

そして必要に迫られて、なんとか消滅するまでに記憶にとどめようと、右脳の視覚野に残像を残す能力が高まっていくのです。

SOKU DOKU

体の緊張を抑えてページをめくる

「高速ページめくりトレーニング」の〈第5段階〉〈第6段階〉でページをめくるペースを落とせば、目が各ページを眺める「単位時間」が増えていきますから、当然、識別できる文字数も増えてきます。ただし、読み取りたいという意識を過剰に働かせてしまってはいけません。なぜなら、緊張感を高めてしまうことになるためです。

この**緊張を抑えることが大事なのですが、読み取れる文字数が増えるほど困難になります。**つまり、この緊張をうまく抑えられる人は上達が速く、抑えられなかった人は上達にそれなりの時間を必要とすることになります。

また、段階的にペースを落としていく際に注意すべき点は、1ページずつ正確にめくることと、めくるペースが速くなったり遅くなったりという乱れを、できるだけ生じさせないことです。

均一のペースでめくっていくことは、超高速ならそれほどむずかしくないのですが、ペースダウンしていくにしたがって、徐々にむずかしくなってきます。

とくに右利きの人は、普段、左手をこうした精密動作に使っていないことが多いので、1ページずつ確実にめくっていくことができず、ときどき、数ページをいっぺんにめくってしまう「とばし読み」が起きます。

飛ばしたページに印刷されている文章は絶対に読むことができないわけですから、確実に、1ページずつめくるように神経を使う必要があります。

さて、ペースダウンによって識別できる文字数が徐々に増えているはずですが、いくらペースを落とした〈第6段階〉（1秒間に1ページめくる）でも、200ページの本を100秒程度の短時間でめくってしまうのですから、依然として意味などはまったく理解できないと思います。

そこで、目の使い方ですが、自分自身が意識をもたないロボットになったような、あるいはハンディ・コピー機になったような感じで、猛スピードで流れ去っていく各ページを次々と網膜に写し取っていくような気持ちにします。

これは、緊張感の作動を抑えるためです。文字を読み取ろうと意識を働かすと視野が狭窄《きょうさく》（狭くなること）する現象が起こりますが、こういう精神状態ならば、視野狭窄があまり起きないですむはずです。

つまり、**半ば無意識状態になるというのが、速読法上達のポイント**なのです。

有効視野に合わせて視線を飛ばす

ページをめくるペースをダウンしたことで、1ページあたりについて目が見ている時間は長くなります。

そこで、ここからややむずかしくなるのですが、目が一度に眺める範囲を少し狭めていく工夫をしてもらいます。

なぜなら、前に視野のチェックをしたように、ある箇所に視点を置いて周囲の文字を識別できる有効視野は、大多数の人は狭い範囲にかぎられているからです。この範囲よりも外に存在する文字は、そこに文字があることはわかっても、かすんでしまって読み取ることができません。

読み取れないものは記憶できませんから、眺める範囲を徐々に狭めていき、有効視野に一致するようにもっていくのです。

具体的には、たとえば見開きのページの片側しか見られなかった人は、見開きの両側のページが見えるように視線を走らせ、両側のページが見えた人は、それぞれのページをもっとくわしく見るように、視線を走らせてください。

猛スピードのときは、１ページの１箇所しか見ることができないうちに次のページに進んでいたと思いますが、たとえばＶ字型やＷ字型に視線を飛ばすというようなやり方でもかまいません（イラスト参照）。

視線の走らせ方には、これがベストというような定型の規則はありません。

眺めた光景を残像として右脳の視覚野に記録することが目的であって、文字が識別できないかすんだ映像を残してもほとんど意味がないからです。

余裕のある人は、Ｗ字型、あるいはそれ以上に細かく動かせればよりベターです。

要するに、ページの全部の文字をコピーして、コピー漏れをできるだけ減らす。最終的にはコピー漏れが出ないようにするという感覚です。

視線の飛ばし方

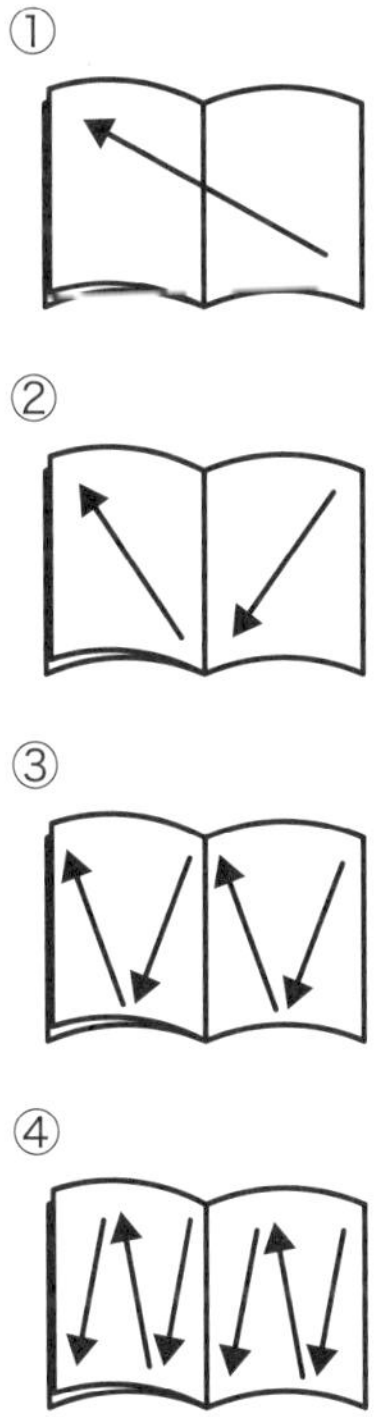

無理せずトレーニングを続ける

「高速ページめくりトレーニング」の〈第5段階〉では、1秒間に8ページまでペースを落としています。

初めから1秒間に8ページのペースだと、途方もなく速く感じるはずです。ところが、第1段階から段階的にペースを落とす方式のトレーニングを続けていると、潜在能力が活性化され、1秒間に8ページでは物足りなさを覚えるくらい、ゆっくりで余裕のあるペースに感じると思います。

そうすると、1ページを見ている所要時間がさらに長くなりますから、一瞬で視野にとらえられる範画をもっと狭い領域に絞り込んで有効視野に近づけていくことができるはずです。

各ページでV字型に視線を走らせていた人はW字型に走らせることができるようになるでしょうし、W字型に走らせていた人は、もっと細かく、稲妻型やノコギリの刃型に走らせることができるでしょう。

それと同時に、**各所に意味のわかる単語が散在していることが認識できるようになる**はずです。

もちろんこの段階では、まだ右脳の視覚野の転写力の活性化は不十分ですから、文章全体の内容や構成などは理解できなくて当然です。

あるいは、1秒間に8ページのペースだとまだ速すぎて、各ページで視線をW字型に走らせたりできないという人もいると思います。その場合は、さらにペースを半分に落として、1秒間に4ページをめくるペースで先に進むようにします。

その時点その時点での**自分の能力に合わせてトレーニングを行ない、決して無理をしないことが速読を上達させるポイント**です。

気があせると目もオーバーワークで疲れてしまいます。緊張感の動作も誘発され、結局は上達速度を鈍らせることになります。

それでは、ここまできたら再度、「2点読みトレーニング」（108ページ）に、再挑戦してもらうことにしましょう。

10秒間の制限時間で、どのくらいまでいけるでしょうか。

3ページ目の後半（つまり40行以上）までいっていれば、合格です。

しかし、目が思うように動かなくて、依然として20行から30行のあいだ付近にとどまっていたとしても、決して悲観する必要はありません。

いずれにしろ、以前はまったく意味が認識できなかったはずのスピードでも、多少なりとも向こうから勝手に意味が飛び込んでくる、あるいは部分的に文章の内容が理解できるという現象が起きているはずです。

こうして〝無理に必要に迫られる〟というトレーニングによって潜在能力が活性化されて、瞬時に目の前をよぎったものでも右脳の視覚野に残像を残し、それを読むことができるようになるのです。

第5章

究極の速読術「ブロック読み」を身につける

文章を面でとらえて、一度に意味を読み取るブロック読み。これぞ速読！　というスキルです。縦書きの文章と横書きの文章を使って段階的にトレーニングします。

文章を文字の塊で読む速読術＝「ブロック読み」

一般的に多くの人が「これこそが速読術！」というイメージを抱いている速読術は、文章を文字の塊（ブロック）状態で読む「ブロック読み」という読み方です。これは右脳速読の一種で、上級の速読術となります。

このブロック読みの意味と意義は、おおよそ次のように説明することができます。

まず、普通の人が文章を端から順番に1文字ずつ（欧文の場合は1単語ずつ）なぞるように読んでいく（なぞり読みと呼ぶ）のに対して、ブロック読みでは文章を十数文字、数十文字というような塊で意味を把握して読み進んでいきます。

また、なぞり読みは各行を「線的」に読んでいきますが、ブロック読みは複数の行を同時並行で読むことになるので、読み取る範囲に広がりがあり、そういう点から「面的」な読み方ということができます。

ブロック読みでは、そのブロック全体に含まれている文章の意味を一度に読み取って、理解します。したがって、読み取るまでの時間が非常に短く、従来の逐語的ななぞり読みと比較して、同じ文書量を読破するのに、数分の一から数十分の一という短時間ですみます。

また、なぞり読みと違って視点を頻繁には動かしませんから、あまり疲れず、長時間の読書にも耐えることができます。

そのほか、一度に読み取れる面積が大きいので、一定面積の中に混入したまちがいを探し出すといった検索作業も、従来より格段にスムーズに運ぶようになります。

この検索対象は文章にかぎりません。

たとえば医学者や生物学者が顕微鏡観察をしていて、まぎらわしい菌をプレパラートの中から探し出すというような作業もスピードアップできます。

また、ほとんど同じ図柄の2枚の絵があって、ほんの一部だけが違っていて、その箇所を探し出す「まちがい探し」というゲームがありますが、そういうゲームにも威力を発揮します。

ゲームだけでなく実際の業務でも、これに類似したまちがい探しを行なうことが、業種によってはあるのではないでしょうか。

そういう点で、ブロック読みが修得できれば、いろいろな場面でまちがいなく役立つはずです。

段階的ブロック読みトレーニング

一度に読み取れるようになる文字量（ブロックの面積）には個人差があります。トレーニングの開始時期（年齢）、素質（右脳型か左脳型か）、視力などが大きく関係します。

読み取れるブロックの面積が文庫本の1ページの大きさにまで拡大できた人は、文庫本の1ページ読みができますし、新書の1ページの大きさになった人は、新書の1ページ読みができます。

ただし、1ページ読みができるようになったからといって、どんな大きさの本（たとえば百科事典など）でも1ページ読みができるという奇術のようなことが起こるわけではありません。

一般の成人が速読術のトレーニングを始めた場合、無理なく到達できるレベルは、新聞や週刊誌の記事の1段読み（1段12〜14文字）でしょう。これくらいを目標にしてください。

このブロック読みは、視点を段の中央部に置き、ハンディコピー機で写し取っていくように視点を上下動させず、横に動かすだけで内容を読み取る読み方です。上達していくと、1段の文字数が増えても、この読み方ができるようになります。

以上のことを踏まえたうえで、トレーニングを行ないます。

このあとで使用するトレーニング文は徐々に文字数が増えていきます。最初は1段が10文字のブロック読みです。それができるようになれば、1段15文字、20文字と段階的にレベルアップしていきます。

これからいよいよ本格的な右脳速読に入っていきます。

まずこれまでと同様に、トレーニングの前に36〜39ページのトレーニング文を通読して読書速度を測ってください。

「これでは、同じ文章だから速く読めるようになって当然ではないか、自分はもっと違う別の文章で速く読めるようになりたい。そうでないとトレーニングをしている意味がない」

そんな声が聞こえてきそうですね。そのとおりです。最終的には、初めて目にする文章で速読ができなければ意味はありません。

でもまずは、これまで長年にわたって習慣化されてきた遅読の意識と習慣を、速読的な（言葉を換えていうなら、私たちが元来もっている能力を生かした）ものに変えるトレーニングをしているということを忘れてはいけません。

トレーニングのこの段階では、速読の情報処理パターンを脳に学習させ、処理回路を脳の中に構築していくことを目的としています。そのため、**同じパターンでくり返す、つまり同じ文章で反復して読書速度を計測し、その回路を築いていくことが重要**なのです。

ですから実戦に出る前の基礎体力づくり、速読のフォームをつくるための訓練だと考えて取り組んでください。

読書速度を確認したあとは、第4章で解説したページめくりトレーニングの〈第1段階〉から〈第6段階〉をひととおり行なってみましょう。

〈第1段階〉高速ページめくりトレーニング
〈第2段階〉文字識別トレーニング
〈第3段階〉中速ページめくりトレーニング
〈第4段階〉低速ページめくりトレーニング

〈第5段階〉ページめくりカウントダウン1

〈第6段階〉ページめくりカウントダウン2

　ページめくりカウントダウンのとき、視野を広く保った状態で、視線をジグザグに動かすやり方と、もう一つは視野を広く保った状態で、視点をページの中心に置いたまま動かさずに、各ページの四隅の文字（右上、右下、左上、左下の文字）を同時に視野に入れるような感覚で行なってください。

　ここまでを準備運動のようなつもりでやってみましょう。

　さらに時間的余裕のある方は、識幅拡大トレーニング（84ページ）も行なってみてください。

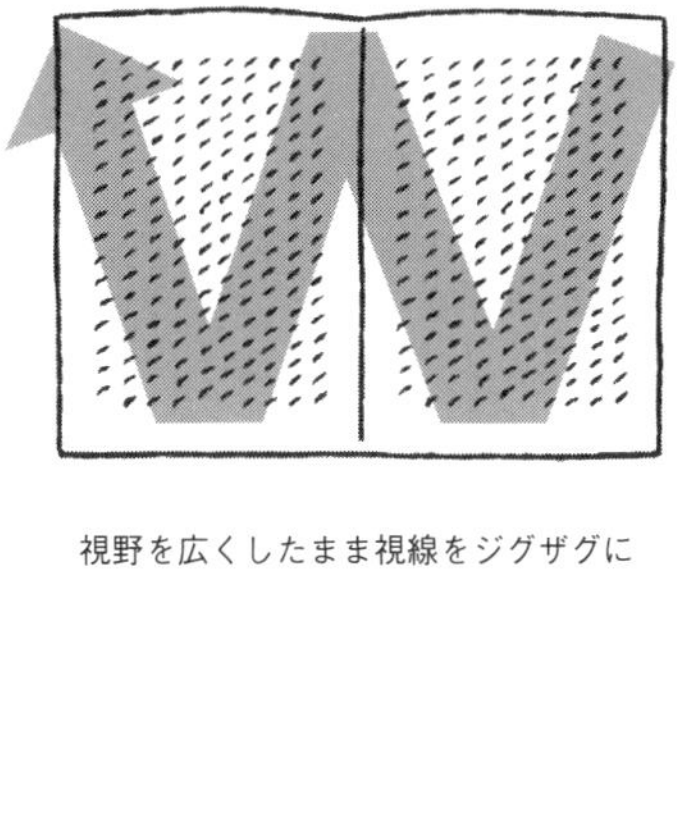

視野を広くしたまま視線をジグザグに

視野を広くしたまま
ページの四隅を目に入れる

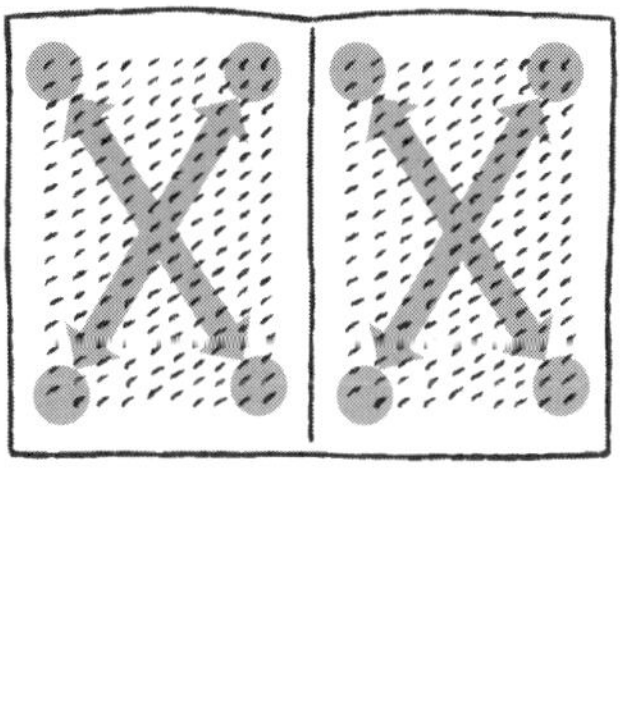

ブロック読みトレーニング 1

縦書き1行10文字で読む

ここでのトレーニングのポイントは、146ページのトレーニング文を使い1行10文字を一度に全部視野に入れ、視線をそのまま右から左に横に移動させながら、音読や疑似音読（心の中での音読）をせずに文章を見ていくことです。

最初から文章の意味を理解しようとせず、まず、「2点読みトレーニング」の場合と同様に、素早く10文字ごとのブロックを見ていくことからスタートします。

トレーニング法

① 1行10文字のトレーニング文を超高速で見ていく（10秒間）

3段組みのトレーニング文を、上段、中段、下段の順に素早く見ていきます。トレーニング文の最後までいくようにしてください。

内容を読んでやろう、という意識が強く働くと、ペースダウンしてしまいます。ついつい内容に気をとられて途中で減速してしまった方もいるかと思いますので、もう一度、10秒間で勢いよく最後まで見ていってください。時間があまった人は、また初めに戻ってください。

② 1行10文字のトレーニング文を超高速の半速で見ていく（10秒間）

今度は、スピードを半分に落とします。その際に、見ていくだけで勝手に飛び込んでくる言葉があれば、読み取ってもかまいません。ただし、そのためにスピードを無理に落とすことのないように注意が必要です。

③ もう一度、①、②のトレーニングを行なう

④ トレーニング文の内容を理解できる最速のスピードで見ていく（10秒間）

スピードをもう少し落として、文章の内容が理解できるかできないか、ギリギリのスピードで見ていきます。

いかがでしょうか。文章をこれまでのように端から1文字ずつ順番に読んでいくという習慣から多少なりとも抜け出すことができたでしょうか。

最後に、第1章のトレーニング文（36～39ページ）を通読して読書速度を計測してみてください。

世界中の外国人に、「日本食と言えば何を思い浮かべるか？」と尋ねたら、おそらく「すし」がナンバー1を獲得するだろう。それほど「すし」は日本食としてメジャーになった。20年くらい前からアメリカを中心に空前の「すし」ブームが起こり、いまでは世界中の大都市に寿司屋がある。

この「すし」という純和風な料理、実は日本生まれとも言えるし、違うとも言える。何とも変な表現だが、その理由はこうだ。

寿司と聞いて、最初にちらし寿司を想像する人は少ないだろう。たいていは握り寿司を思い浮かべるはずだ。だが、握り寿司の歴史は意外に浅く、文政年間（１８１８～１８３０年）に始まり、まだ２００年にも満たない。

それ以前に「すし」と呼ばれた料理は、握り寿司とは似てもにつかないシロモノである。

「すし」に関する記述が出てくるのは奈良時代の７１８年、「養老律令」という法律に租税品として「鮨」「鮓」の文字が登場する。また、平安時代の文献「延喜式」には諸国の貢進として、伊勢国に「鯛ずし」、伊予国の「イガイずし」、讃岐国の「鯖ずし」といった名前が散見される。

　だが、ここで言う「すし」とは、魚介類を自然発酵させた食品、いわゆる「くさやの干物」のようなものだった。

　やがて、乳酸発酵を早めるために「飯」が添加されるようになる。ここでの飯は、いわば漬物のぬか床のようなもので、食べたりはしなかった。漬け込み期間は1年ぐらいだったというから、飯は食べるに食べられなかったのだろう。こうした「すし」を一般に「なれずし」という。

　やがて戦国時代になってくると、数週間程度の漬け込み期間で、ご飯と一緒に食べるようになる。これを「生なれずし」という。現代の滋賀県特産品「鮒ずし」などがまさにこれだ。

　江戸時代中期になると、さらに早く食べようと、箱のなかにご飯と酢と塩を入れ、そこに魚介類を載せ、上から重石をして数日間で食べるようになった。これを「早すし」と称

か

か

したが、せっかちな江戸っ子は数日間も待てず、すぐに食べたいということで、江戸前の捕れ立ての魚を、握った酢飯に載せて食べるようになった。ここでようやく「握り寿司」の登場である。

この画期的な握り寿司を発明したのは、ファミレスチェーンの名前にもなっている華屋与兵衛という人だ。江戸本所元町の彼の寿司屋は大繁盛だったという。ただ、この頃の「すし」は、あとで述べる天麩羅と同じように、屋台で食べる簡単な、それこそファーストフードのようなものだった。その意味では、いまの回転寿司は先祖回帰なのかもしれない。

現代の握り寿司の王様は、何といっても「マグロの大トロ」だろう。だが、もともと江戸っ子は、腐るほど捕れるマグロを下魚扱いしてきた。ところが、握り寿司にして食べてみると、これがやたらうまい。そのため、やがて他の魚を圧倒し、マグロが握り寿司のメインになったのだという。

ただし、人気の部分はトロではなく、赤身だった。江戸時代の人は、さっぱりとした食感を好み、好きこのんで脂っこいトロを食べる人間はいなかったというから、時代が変われば好みもずいぶんと変わるものだ。

　こうなると、「すし」はどこから見ても日本の料理に思える。確かに、握り寿司は日本人の発明と言える。しかし、その原型である「なれずし」の起源は、何と1700年前に東南アジアの山岳地帯で誕生した料理だという。とすれば、「すし」は日本オリジナルの料理ではないことになる。

（出典：『おもしろくてためになる日本史の雑学事典』河合敦／著「『すし』の起源は奈良時代」より）

ブロック読みトレーニングでは、視点は段の中央部に置くわけですが、いうまでもなく点的に置くのではなく、行頭から行末までの全10文字を視野に入れ、しかも複数行を同時並行に読む、面的な見方で読み取るわけです。

ただし、最初から複数行は困難ですから、まずは1行全部を読み取る線的な見方で読むようにします。このとき、行頭と行末の文字を（もちろん、その中間の文字も）必ず同時に読み取るようにしてください。絶対に行頭から行末へと、行をなぞっていかないように注意してください。

また、複数の文字を同時に読み取る場合に、頭の中で音声変換をしながらではなく、識幅に入った文字のブロック全体を同時に見て、そのまま意味を認識するように心がけてください。

この1段10文字は、それほどむずかしくはないはずです。トレーニング文でマスターできたら、次は新聞や週刊誌で行なってみて、この読み方をしっかり身につけるようにしましょう。

ブロック読みトレーニング 2

横書き1行10文字で読む

今度は、横書き用のトレーニング文（153ページ）を使って行ないます。

人によっては、縦書きよりも横書きのほうがやりやすい、あるいはその逆で、縦書きのほうがいいという方もいると思いますが、縦書きでも横書きでも速読ができる両刀遣いになるに越したことはありません。

トレーニング法

① 横書き用1行10文字のトレーニング文を超高速で見ていく（10秒間）

縦書きのときと同じように行ないます（2回）。

② 横書き用1行10文字のトレーニング文を超高速の半速で見ていく（10秒間）

③ もう一度、①、②のトレーニングを行なう

④ トレーニング文の内容を理解できる最速のスピードで見ていく（10秒間）

い

い

として、伊勢国に「鯛ずし」、伊予国の「イガイずし」、讃岐国の「鯖ずし」といった名前が散見される。

だが、ここで言う「すし」とは、魚介類を自然発酵させた食品、いわゆる「くさやの干物」のようなものだった。

やがて、乳酸発酵を早めるために「飯」が添加されるようになる。ここでの飯は、いわば漬物のぬか床のようなもので、食べたりはしなかった。漬け込み期間は1年ぐらいだったというから、飯は食べるに食べられなかったのだろう。こうした「すし」を一般に「なれずし」という。

やがて戦国時代になってくると、数週間程度の漬け込み期間で、ご飯と一緒に食べるようになる。これを「生なれずし」という。現代の滋賀県特産品「鮒ずし」などがまさにこれだ。

江戸時代中期になると、さらに早く食べようと、箱のなかにご飯と酢と塩を入れ、そこに魚介類を載せ、上から重石をして数日間で食べるようになった。これを「早すし」と称したが、せっかちな江戸っ子は数日間も待てず、すぐに食べたいということで、江戸前の

(155ページ右上へ)

1行10文字トレーニング文（横）

　世界中の外国人に、「日本食と言えば何を思い浮かべるか？」と尋ねたら、おそらく「すし」がナンバー１を獲得するだろう。それほど「すし」は日本食としてメジャーになった。20年くらい前からアメリカを中心に空前の「すし」ブームが起こり、いまでは世界中の大都市に寿司屋がある。

　この「すし」という純和風な料理、実は日本生まれとも言えるし、違うとも言える。何とも変な表現だが、その理由はこうだ。

　寿司と聞いて、最初にちらし寿司を想像する人は少ないだろう。たいていは握り寿司を思い浮かべるはずだ。だが、握り寿司の歴史は意外に浅く、文政年間（１８１８～１８３０年）に始まり、まだ２００年にも満たない。

　それ以前に「すし」と呼ばれた料理は、握り寿司とは似てもにつかないシロモノである。

「すし」に関する記述が出てくるのは奈良時代の７１８年、「養老律令」という法律に租税品として「鮨」「鮓」の文字が登場する。また、平安時代の文献「延喜式」には諸国の貢進

様は、何といっても「マグロの大トロ」だろう。だが、もともと江戸っ子は、腐るほど捕れるマグロを下魚扱いしてきた。ところが、握り寿司にして食べてみると、これがやたらうまい。そのため、やがて他の魚を圧倒し、マグロが握り寿司のメインになったのだという。

ただし、人気の部分はトロではなく、赤身だった。江戸時代の人は、さっぱりとした食感を好み、好きこのんで脂っこいトロを食べる人間はいなかったというから、時代が変われば好みもずいぶんと変わるものだ。

こうなると、「すし」はどこから見ても日本の料理に思える。確かに、握り寿司は日本人の発明と言える。しかし、その原型である「なれずし」の起源は、何と１７００年前に東南アジアの山岳地帯で誕生した料理だという。とすれば、「すし」は日本オリジナルの料理ではないことになる。

（出典：『おもしろくてためになる日本史の雑学事典』河合敦／著「『すし』の起源は奈良時代」より）

捕れ立ての魚を、握った酢飯に載せて食べるようになった。ここでようやく「握り寿司」の登場である。

この画期的な握り寿司を発明したのは、ファミレスチェーンの名前にもなっている華屋与兵衛という人だ。江戸本所元町の彼の寿司屋は大繁盛だったという。ただ、この頃の「すし」は、あとで述べる天麩羅と同じように、屋台で食べる簡単な、それこそファーストフードのようなものだった。その意味では、いまの回転寿司は先祖回帰なのかもしれない。

現代の握り寿司の王

いかがでしょうか。ブロック読みは、右脳の活性化と識幅の拡大に伴って、徐々に上達していきます。なぞり読みのようにトレーニングの初日から著しい成果が上がらない場合もありますが、あきらめないで継続して行なうことが大切です。

ブロック読みが上達するということは、1行あたりの読み取り文字数が増えるという意味と、1行あたりの文字数はそのままで2行、3行と、まとめて読み取れる行数が増えていくという二つの意味があります。

て

て

ブロック読みトレーニング 3

縦書き1行10文字を2、3行のブロックで読む

今度は、縦書きのトレーニング文（146ページ）を使って、さらにレベルの高いブロック読みトレーニングに挑戦してみましょう。

トレーニング法

① 縦書き1行10文字のトレーニング文を、2行ずつ超高速で見ていく（10秒間）

縦書きの10文字トレーニング文を2行ずつまとめて視野に入れ、超高速で素早く見ていきます。最初から文意の読み取りを意識しないようにしてください。

2行同時に見ていくことによって、一度に視野に飛び込んでくる文字の量が倍になり、それらを処理しようとする能力を刺激することができます。

終わったら、もう一度やってみましょう（2回）。

② トレーニング文を、2行ずつ超高速の半速で見ていく（10秒間）

スピードを超高速の半分に落としてやってみましょう。

③トレーニング文を2行ずつ内容を理解できる最速のスピードで見ていく（10秒間）

1行目と2行目の文章の内容をつなぎ合わせて理解するには、かなりの右脳の能力が要求されます。ブロック読みのトレーニングを始めたばかりの段階で、このレベルまで到達するのはむずかしいと思いますが、何度も反復することで、ページめくりにより右脳を活性化していくことで可能になります。

一度に2行ずつ見て理解できた方は、3行のブロック読みに挑戦してみましょう。

④トレーニング文を①～③のステップにしたがって、3行ずつ見ていく

2行のブロック読みができるようになったら、同様のステップで3行ずつを視野に入れてトレーニングしてください。

ブロック読みトレーニング 4

横書き1行10文字を2、3行のブロックで読む

今度は横書き用のトレーニング文（153ページ）を使って、複数行のブロック読みをトレーニングしてみましょう。

トレーニング法

①**横書き1行10文字のトレーニング文を、2行ずつ超高速で見ていく（10秒間）**

内容を理解することは考えずに、2行ずつ素早く見ていきます。終わったら、もう一度くり返してください（2回）。

②**トレーニング文を、2行ずつ超高速の半速で見ていく（10秒間）**

スピードを超高速の半分に落としてやってみましょう。

③**トレーニング文を2行ずつ内容を理解できる最速のスピードで見ていく（10秒間）**

同じトレーニング文でくり返しトレーニングしていると、自然に内容をある程度記

憶してしまうものです。そして文章を見れば、すぐに理解できてしまうようになります。**より高度なブロック読みをトレーニングするうえでは、内容のよくわかっている文章で行なうのがもっともやりやすく、その能力を修得する近道といえます。**

つまりこの点が、同じパターンで反復することによる速読の回路を頭脳に築いていくための重要なポイントでもあるわけです。

一度に2行ずつ見て理解できた方は、3行のブロック読みに挑戦してみてください。

④トレーニング文を①～③のステップにしたがって、3行ずつ見ていく

2行のブロック読みができるようになったら、同様のステップで3行ずつを視野に入れてトレーニングしてください。さらに高度なブロック読みができるようになります。

SOKU DOKU

意識を部分分割する

一度に読み取るブロックを1行10文字から2行10文字、3行10文字に増やしていくことは、単に文字数が2倍、3倍に増えるということ以上に、左脳型の人にとっては大きな意味をもちます。

それは、線的な読み方から面的な読み方になることによって意識を二分割、三分割に分割して各行を同時に認識し、カバーしていかなければならないからです。

具体的には、文章の意味を読み取ろうという意識をできるかぎり希薄にして、全身の力を抜きます。もちろん、まったく文意が把握できないほど過剰にリラックスしてしまってはいけません。

適度にリラックスすると、並行して存在している複数の行の意味が同時に理解できる状態になります。一箇所に集中している場合と比べて、その一箇所に対する集中度は落ちるわけですが、文章の意味の把握ができないほどのレベルには落ちません。

ブロック読みトレーニング 5

縦書き1行15文字の1行ブロック読み

次は、さらにレベルアップしていきます。縦書き用1行15文字トレーニング文（162ページ）を使って、以下の要領でトレーニングをしてください。

トレーニング法

①トレーニング文を1行ずつ超高速で素早く見ていく（10秒間）
2回くり返します。
②トレーニング文を超高速の半速で見ていく（10秒間）
③もう一度、①、②のトレーニングを行なう
④トレーニング文の内容を理解できる最速のスピードで見ていく（10秒間）

終わったら、第1章のトレーニング文（36〜39ページ）を通読して読書速度を測ってください。

1行15文字トレーニング文（縦）

自分は理路整然と話しているつもりでも、相手に「なぜそうなるの？」とか、「結局どういうこと？」と言われた経験はないでしょうか？

そういう時には、「暗黙のルール」が共有できていないことが多いのです。

「AだからBである」という基本的な論理のつながりを考えてみてください。

「黒い雲が出てきたから雨が降りそうだ」という例で考えてみます。

「黒い雲」と「雨」という2つの事柄は、多くの人の頭のなかで常識的に結びついています。これを一般常識や一般論といいます。誰もが経験的に知っていて、誰もが同じことを考えるルールです。

黒い雲と雨との関係が一般的に結びついているからこそ、何の説明もなく「黒い雲だから雨だよ」と言っても、聞き手もうなずいてくれるのです。

このように、「AだからB」というコミュニケーションが成り立つためには、話し手と聞き手の間で共通となる一般論を持っている必要があります。

では、こういう例はどうでしょうか？

「朝に霧が出ていたから、今日は晴れるだろう」

多くの人は、「え？ そうなの？」と思ったに違いありません。これは「朝霧は晴れ」という言い伝えで、山登りが好きな人であれば一般的になっている天気予報の法則です。

山好き同士の会話なら「朝は霧だったね」と言えば会話は通じるかもしれません。しかし登山に縁がない普通の人にとっては、「朝は霧だったから晴れるね」と言われてもまったく筋が通っていないのです。むしろ、「霧が出たら天気は悪くなるのでは？」というように、正反対のことを推測するかもしれません。

「朝霧は晴れ」のカラクリは、実際はこのように説明できます。

「春、高気圧に覆われている気圧配置だと夜は相対的に冷え込み、朝になると霧が発生することが多い。だから、朝霧の日は晴れることが多い」

ここまで聞けば、「なるほど」と思えます。

このような山好きと一般人との間の噛み合わない会話のような例が、ビジネスの現場では多く発生しています。

自分の周りのごく狭い「常識」

だけを一般論として、相手に論理を展開してしまう。または、自分たちの会社や業界でしか共有されていない特殊な一般論を、相手に理解してもらわないまま、論理展開のなかで使ってしまう。これがお互いのコミュニケーションが噛み合わない理由の多くを占めています。

たとえば、「円高」です。

円高というと、何を考えるでしょうか。外国のモノが安く買える？　輸入ブランド品が安くなる？　何となく景気にも良さそうです。外国からモノを仕入れて売っているような商売にとっては、円高になると景気が良くなるかもしれません。

逆に、外国にモノを売っている商売にとってはどうでしょうか。

たとえば、1ドル150円が1ドル100円の円高になったとします。

そうなると、同じ100ドルで売れたとしても、日本円に換算した売上は5000円も少なくなってしまいます。つまり、円高では輸出企業の業績は悪くなります。日本を代表する大企業の多くが自動車や機械などの製造業で、外国に輸出をして稼いでいます。彼らの業績が悪化すれば、日本全体の経済にとっては悪影響です。

ですから、「円高になると、景気が悪くなる」というのは、経済では暗黙のルールなのです。

経済の暗黙のルールを使って、円高は不景気になる話をしても、経済の常識がない相手にはわかってもらえません。自分のなかでは常識でも、会社や業界が違い、立場も違う人にとっては、論理がつながらないこともあります。

暗黙のルールと思われていることについても、しっかりと説明をしてあげる必要があるのです。

どういう暗黙のルールに基づいて論理を展開しているのかを自分で意識する。相手にとって常識ではないなと思ったら、その部分を意識して丁寧に説明する。それだけで論理がつながり、グッとわかりやすいコミュニケーションになるはずです。


（出典：『3分でわかるロジカル・シンキングの基本』大石哲之／著　注：小見出し等は外しています）

ブロック読みトレーニング 6

横書き1行15文字の1行ブロック読み

今度は、横書き用1行15文字のトレーニング文（169ページ）を使って、1行のブロック読みトレーニングを同じ要領で行ないましょう。

トレーニング法

①トレーニング文を1行ずつ超高速で素早く見ていく（10秒間）
　2回くり返します。
②トレーニング文を超高速の半速で見ていく（10秒間）
③もう一度、①、②のトレーニングを行なう
④トレーニング文の内容を理解できる最速のスピードで見ていく（10秒間）

■■■ COLUMN ■■■

読書にもウォーミングアップが必要

スポーツなどのトレーニングでは、ウォーミングアップをしてから取り組むことが求められます。しかし、筋肉を使わない知的活動である読書に関しては、ウォーミングアップをしてから本を読み始めるなんていう話を聞いたことはありません。

これは、「ウォーミングアップをしようがしまいが、読書スピードが変わるはずがない」という先入観を、誰もがもっているからだと思います。

しかし、実際には読書には目を使い、眼筋という筋肉を動かしています。

したがって、2点読みトレーニング（108ページ）をウォーミングアップとして、読書開始前に10秒実行するだけで、読書能力は格段に飛躍するという現象が起きるのです。

そのスピードアップが1・5倍程度にとどまる人もいますし、2倍、3倍になる人も少なくありません。中には一気に5倍、10倍にまで伸びる人も、少数ですがいます。

1・5倍でとどまるか、10倍にまで伸びるかの差は、主として眼筋のスタミナに関係してきます。

は

は

多くの人は、「え？　そうなの？」と思ったに違いありません。これは「朝霧は晴れ」という言い伝えで、山登りが好きな人であれば一般的になっている天気予報の法則です。

山好き同士の会話なら「朝は霧だったね」と言えば会話は通じるかもしれません。しかし登山に縁がない普通の人にとっては、「朝は霧だったから晴れるね」と言われてもまったく筋が通っていないのです。むしろ、「霧が出たら天気は悪くなるのでは？」というように、正反対のことを推測するかもしれません。

「朝霧は晴れ」のカラクリは、実際はこのように説明できます。

「春、高気圧に覆われている気圧配置だと夜は相対的に冷え込み、朝になると霧が発生することが多い。だから、朝霧の日は晴れることが多い」

ここまで聞けば、「なるほど」と思えます。

このような山好きと一般人との間の噛み合わない会話のような例が、ビジネスの現場では多く発生しています。

自分の周りのごく狭い「常識」だけを一般論として、相手に論理を展開してしまう。または、自分たちの会社や業界でしか共有されていない特殊な一般論を、相手に

（171 ページ左上へ）

1行15文字トレーニング文（横）

自分は理路整然と話しているつもりでも、相手に「なぜそうなるの？」とか、「結局どういうこと？」と言われた経験はないでしょうか？

そういう時には、「暗黙のルール」が共有できていないことが多いのです。

「ＡだからＢである」という基本的な論理のつながりを考えてみてください。

「黒い雲が出てきたから雨が降りそうだ」という例で考えてみます。

「黒い雲」と「雨」という２つの事柄は、多くの人の頭のなかで常識的に結びついています。これを一般常識や一般論といいます。誰もが経験的に知っていて、誰もが同じことを考えるルールです。

黒い雲と雨との関係が一般的に結びついているからこそ、何の説明もなく「黒い雲だから雨だよ」と言っても、聞き手もうなずいてくれるのです。

このように、「ＡだからＢ」というコミュニケーションが成り立つためには、話し手と聞き手の間で共通となる一般論を持っている必要があります。

では、こういう例はどうでしょうか？

「朝に霧が出ていたから、今日は晴れるだろう」

経済の常識がない相手にはわかってもらえません。自分のなかでは常識でも、会社や業界が違い、立場も違う人にとっては、論理がつながらないこともあります。

暗黙のルールと思われていることについても、しっかりと説明をしてあげる必要があるのです。

どういう暗黙のルールに基づいて論理を展開しているのかを自分で意識する。相手にとって常識ではないなと思ったら、その部分を意識して丁寧に説明する。それだけで論理がつながり、グッとわかりやすいコミュニケーションになるはずです。

（出典：『３分でわかるロジカル・シンキングの基本』大石哲之／著　注：小見出し等は外しています）

理解してもらわないまま、論理展開のなかで使ってしまう。これがお互いのコミュニケーションが噛み合わない理由の多くを占めています。

たとえば、「円高」です。

円高というと、何を考えるでしょうか。外国のモノが安く買える？　輸入ブランド品が安くなる？　何となく景気にも良さそうです。外国からモノを仕入れて売っているような商売にとっては、円高になると景気が良くなるかもしれません。

逆に、外国にモノを売っている商売にとってはどうでしょうか。

たとえば、１ドル１５０円が１ドル１００円の円高になったとします。

そうなると、同じ１００ドルで売れたとしても、日本円に換算した売上は５０００円も少なくなってしまいます。つまり、円高では輸出企業の業績は悪くなります。日本を代表する大企業の多くが自動車や機械などの製造業で、外国に輸出をして稼いでいます。彼らの業績が悪化すれば、日本全体の経済にとっては悪影響です。

ですから、「円高になると、景気が悪くなる」というのは、経済では暗黙のルールなのです。

経済の暗黙のルールを使って、円高は不景気になる話をしても、

ブロック読みトレーニング 7

縦書き1行15文字を2、3行のブロックで読む

今度は同じ縦書きのトレーニング文（162ページ）を使用して、さらにレベルの高い複数行のブロック読みトレーニングをしてみます。

トレーニング法

①**トレーニング文を2行ずつ超高速で素早く見ていく（10秒間）**
②**トレーニング文を2行ずつ超高速の半速で見ていく（10秒間）**
③**トレーニング文を2行ずつ内容を理解できる最速のスピードで見ていく（10秒間）**
一度に2行ずつ見て理解できた人は、3行のブロック読みに挑戦してください。
④**トレーニング文を①～③のステップにしたがって、3行ずつ見ていく**

2行のブロック読みができたら、同様のステップにしたがって3行ずつを視野に入れてトレーニングしてください。

ブロック読みトレーニング 8

横書き1行15文字を2、3行のブロックで読む

続いて、先ほどの横書き用1行15文字トレーニング文（169ページ）を使用して、同様にさらにレベルの高い複数行のブロック読みトレーニングをしてみましょう。

トレーニング法

①**トレーニング文を2行ずつ超高速で素早く見ていく（10秒間）**

2回くり返します。

②**トレーニング文を2行ずつ超高速の半速で見ていく（10秒間）**

③**トレーニング文を2行ずつ内容を理解できる最速のスピードで見ていく（10秒間）**

一度に2行ずつ見て理解できた人は、3行のブロック読みに挑戦してください。

④**トレーニング文を①～③のステップにしたがって、3行ずつ見ていく**

2行のブロック読みができるようになったら、同様のステップにしたがって3行ずつを視野に入れてトレーニングしてください。

ブロック読みトレーニング 9

児童書などを用いる

時間に余裕のある方は、児童書など活字の大きな本を使ってブロック読みトレーニングをしてみてください。

まず初めに自分の識幅を計測します。本の任意のページを開き、文章が行の途中で切れることなく、1行全部に文章が書かれている行をさがしてください。

次に、その行のまん中あたりに視点を置いた状態で視点を動かさずに、上下（縦書きの本の場合）、あるいは左右（横書きの本の場合）に何文字目まで、文字の形と意味が認識できるかを確認します。

たとえば、中心の文字から数えて上に5文字、下にも5文字目まで形と意味が読み取れる方は、識幅が11文字ということになります。

そして、自分の識幅よりもやや広い（識幅が11文字なら、15文字くらい）トレーニング用の教材を用意します。といっても、別の本を用意するのではなく、本の中の数ページを抜粋し、それが縦書きの本なら、たとえば上から15文字目までのところに、あとで消せるように鉛筆などで横線を引きます。

そして、その横線より上の部分をトレーニング教材として活用するわけです。

横書きの本なら、同様にたとえば左から15文字目までのところに縦線を引いて、その左側部分をトレーニング教材として活用します。

こうした教材を使って、ここまで紹介したブロック読みトレーニングを行なってみてください。

ブロック読みトレーニング 10

縦書き1行20文字の1行ブロック読み

ブロック読みの教材をさらにレベルアップし、1行20文字のトレーニング文（178ページ）を使ってトレーニングを行ないます。

トレーニング法

①トレーニング文を1行ずつ超高速で素早く見ていく（10秒間）
2回くり返します。
②トレーニング文を超高速の半速で見ていく（10秒間）
③もう一度、①、②のトレーニングを行なう
④トレーニング文を内容が理解できる最速のスピードで見ていく（10秒間）

終わったら、第1章のトレーニング文（36〜39ページ）を通読して読書速度を測ってください。

ブロック読みトレーニング 11

横書き1行20文字の1行ブロック読み

次は、横書き の1行20文字トレーニング文（183ページ）を使って、1行のブロック読みトレーニングを同じ要領で行ないましょう。

トレーニング法

①トレーニング文を1行ずつ超高速で素早く見ていく（10秒間）
2回くり返します。
②トレーニング文を超高速の半速で見ていく（10秒間）
③もう一度、①、②のトレーニングを行なう
④トレーニング文を内容が理解できる最速のスピードで見ていく（10秒間）

ある男性の話。

「あなたは落ち着きがないわね」と、子供の頃から母親に言われ続けていました。そのせいか、物事がうまくいかないすべての原因が、ひょっとすると「落ち着きがない自分」にあるのではないか、と思うようになってしまったのです。

母親からすればさほど深い意味などなく、せわしなく駆け回る子供に対して「もうちょっとおとなしくしなさいよ」と、しかる程度の言葉だったのかもしれません。

何かにつけて自信がないまま社会に出たところ、ある日のこと、「いつも好奇心旺盛で感心するね」と、上司にポンと肩をたたかれたのです。あっちこっちと目を向け、首を突っ込む彼をそのように受け取った上司でした。

その瞬間、ものの見事に母親の呪縛から解き放たれたというのです。たった一言で生き返り、今までうつむいていたのが急に姿勢まで堂々となった、などは想像するだけで嬉しくなります。

「もう少しスマートになればボーイフレンドができるのに」とため息をつきながら、ダイエット本を片手に菓子袋と格闘する女性の図もよく見る光景。

そんな彼女たちが「僕ら男性のあこがれはマリリン・モンローだよ」と言われ、救われた気分になることも往々にしてあることです。おかげで決死の覚悟のダイエットが不調に終わってしまう可能性はあるものの、「私もまんざら捨てたもんじゃない」と勇気がわくことに違いはなさそうです。

世の中には、俗にいう「ほめ上手な人」があちこちにいます。

ある男性は、通勤に要する実際の時間は30分足らずでした。

それなのに、彼が会社を出てから自宅のドアを開けるまで、なんと3時間近くかかるとか。馴染みの居酒屋やスナックをはしごし、日々の疲れを癒すにはそれくらいたっぷりの時間が必要なのだそうです。

「能力がイマイチで毎日がたいへんだよ」とうなだれる彼に、お店のママが「今どき、そんなにがんばってるなんて表彰もんよ」と、ビールを注いでくれます。「ゴルフが上手にならなくて……」とぼやくと「接待上手はゴルフべたらしいわよ」と肩をたたいて励ましてくれます。

予想外なほめられ方に「明日もがんばろう」と密かにガッツポーズをし、明日に向けた気合がふくらむそうです。

人は何かをきっかけに自分を制限する「思い込み」に縛られていることが少なくありません。そんな人たちに、「違った見方」を教えるスキルを「リフレーミング」といいます。フレームとは枠組みのこと。

枠組みを変えたら中身まで違って感じられるところからきています。よく使われる例に以下のようなものがありますので紹介しましょう。

大人から子供まで、世界中の多くの人が知っている絵、モナ・リザ。

この絵をシルバーのメタルっぽい額縁に入れたらどんな絵に見えますか？

また、重厚な木彫りの額縁に入れ替えたらどんなふうに見えますか？

同じ絵でありながら、まったく違う雰囲気に見える可能性があるのではないでしょうか。

これを日常の場面で生かしてみます。

「私は八方美人だと友人から陰口をたたかれている」と人間関係の在り方に悩んでいる人がいたとします。

「すべての人に分けへだてなく対応できるなんてすばらしい」と言い換えてあげたらいかがでしょう。

ある人は同じ悩みに「君の付き合い方は全方位型だね」と言われ、何だか誇らしくなったとまで言います。

また、「俺って何をやるにもせっかちだ」と肩を落とす人には、「時は金なりを地で行ってるね」と、懐かしいことわざが功を奏する場面です。「時間管理がしっかりしてるのよね。ひょっとするとタイムキーパーの仕事なんかぴったりかも」と、ついでに新しい分野の仕事などをサンプルとして示すと、目がキラキラしてくることもあるかもしれません。

自分の欠点だと思っていることを、「こんなふうに考えたら？」と言い換えてあげるのですが、このスキルをタイミングよく使われて「まるでほめられた気分になった」「新たな気づきをもらって目が覚めた」と、びっくりする人たちの声をよく聞きます。

欠点ばかりに目がいってしまい、自分の動きを制限している人に新しい見方を提供できる手法です。

リフレーミングには「内容のリフレーミング」と「状況のリフレーミング」の2種類があります。

「内容のリフレーミング」は、「意味のリフレーミング」ともいい、状況はそのままにして「別の意味づけをする」ことからそう呼ばれています。

また、「状況のリフレーミング」は、ある特定の行動を起こしている環境や状況を、そのまま役に立つ場面に言い換える手法です。

まず、「内容（意味）のリフレーミング」について説明しましょう。

先の「せっかちさん」では、「せっかち」の内容（意味）を「時間管理がしっかりしている」と言い換えるのがその例にあたります。

「昨日の晩御飯も覚えてない」と加齢による物忘れを嘆く人に、自称リフレーミングの達人なる友人が言ってくれたそうです。

「ヘェー、昨日の晩御飯も覚えてないの？　それならどんなに嫌なことも忘れられるから最高だね」

これは「覚えていない」ということを「忘れる」に言い換えたものです。内容のリフレーミングは、状況を変えずにそのものが持つ意味をとらえなおす手法です。

「いやなことを後回しにするクセがなおらない」と手帳を見ながら嘆いている人には、「得意なことから先にやってるんでしょ」と励ます手もあるでしょう。

また、「理屈っぽい」と周囲から言われているという場合は、「ものごとを理論立てて考えられるって素晴らしい」と、ほめてあげると、相手は「そうか、そうなんだ」と自信がみなぎってくるかもしれません。

（出典：『一番やさしくＮＬＰのことがわかる本』浦登記／著　白石由利奈／監修　「リフレーミング」より　注：小見出し等は外しています）

イエット本を片手に菓子袋と格闘する女性の図もよく見る光景。

そんな彼女たちが「僕ら男性のあこがれはマリリン・モンローだよ」と言われ、救われた気分になることも往々にしてあることです。おかげで決死の覚悟のダイエットが不調に終わってしまう可能性はあるものの、「私もまんざら捨てたもんじゃない」と勇気がわくことに違いはなさそうです。

世の中には、俗にいう「ほめ上手な人」があちこちにいます。

ある男性は、通勤に要する実際の時間は30分足らずでした。

それなのに、彼が会社を出てから自宅のドアを開けるまで、なんと3時間近くかかるとか。馴染みの居酒屋やスナックをはしごし、日々の疲れを癒すにはそれくらいたっぷりの時間が必要なのだそうです。

「能力がイマイチで毎日がたいへんだよ」とうなだれる彼に、お店のママが「今どき、そんなにがんばってるなんて表彰もんよ」と、ビールを注いでくれます。「ゴルフが上手にならなくて……」とぼやくと「接待上手はゴ

（185ページへ）

1行20文字トレーニング文（横）

ある男性の話。

「あなたは落ち着きがないわね」と、子供の頃から母親に言われ続けていました。そのせいか、物事がうまくいかないすべての原因が、ひょっとすると「落ち着きがない自分」にあるのではないか、と思うようになってしまったのです。

母親からすればさほど深い意味などなく、せわしなく駆け回る子供に対して「もうちょっとおとなしくしなさいよ」と、しかる程度の言葉だったのかもしれません。

何かにつけて自信がないまま社会に出たところ、ある日のこと、「いつも好奇心旺盛で感心するね」と、上司にポンと肩をたたかれたのです。あっちこっちと目を向け、首を突っ込む彼をそのように受け取った上司でした。

その瞬間、ものの見事に母親の呪縛から解き放たれたというのです。たった一言で生き返り、今までうつむいていたのが急に姿勢まで堂々となった、などは想像するだけで嬉しくなります。

「もう少しスマートになればボーイフレンドができるのに」とため息をつきながら、ダこれを日常の場面で生かしてみます。

「私は八方美人だと友人から陰口をたたかれている」と人間関係の在り方に悩んでいる人がいたとします。

「すべての人に分けへだてなく対応できるなんてすばらしい」と言い換えてあげたらいかがでしょう。

ある人は同じ悩みに「君の付き合い方は全方位型だね」と言われ、何だか誇らしくなったとまで言います。

また、「俺って何をやるにもせっかちだ」と肩を落とす人には、「時は金なりを地で行ってるね」と、懐かしいことわざが功を奏する場面です。「時間管理がしっかりしてるのよね。ひょっとするとタイムキーパーの仕事なんかぴったりかも」と、ついでに新しい分野の仕事などをサンプルとして示すと、目がキラキラしてくることもあるかもしれません。

自分の欠点だと思っていることを、「こんなふうに考えたら？」と言い換えてあげるのですが、このスキルをタイミングよく使われて「まるでほめられた気分になった」「新たな気づきをもらって目が覚めた」と、びっく

（187 ページへ）

ルフべたらしいわよ」と肩をたたいて励ましてくれます。

予想外なほめられ方に「明日もがんばろう」と密かにガッツポーズをし、明日に向けた気合がふくらむそうです。

人は何かをきっかけに自分を制限する「思い込み」に縛られていることが少なくありません。そんな人たちに、「違った見方」を教えるスキルを「リフレーミング」といいます。

フレームとは枠組みのこと。

枠組みを変えたら中身まで違って感じられるところからきています。よく使われる例に以下のようなものがありますので紹介しましょう。

大人から子供まで、世界中の多くの人が知っている絵、モナ・リザ。

この絵をシルバーのメタルっぽい額縁に入れたらどんな絵に見えますか？

また、重厚な木彫りの額縁に入れ替えたらどんなふうに見えますか？

同じ絵でありながら、まったく違う雰囲気に見える可能性があるのではないでしょうか。

それならどんなに嫌なことも忘れられるから最高だね」

これは「覚えていない」ということを「忘れる」に言い換えたものです。内容のリフレーミングは、状況を変えずにそのものが持つ意味をとらえなおす手法です。

「いやなことを後回しにするクセがなおらない」と手帳を見ながら嘆いている人には、「得意なことから先にやってるんでしょ」と励ます手もあるでしょう。

また、「理屈っぽい」と周囲から言われているという場合は、「ものごとを理論立てて考えられるって素晴らしい」と、ほめてあげると、相手は「そうか、そうなんだ」と自信がみなぎってくるかもしれません。

（出典：『一番やさしくＮＬＰのことがわかる本』浦登記／著　白石由利奈／監修　「リフレーミング」より　注：小見出し等は外しています）

りする人たちの声をよく聞きます。

欠点ばかりに目がいってしまい、自分の動きを制限している人に新しい見方を提供できる手法です。

リフレーミングには「内容のリフレーミング」と「状況のリフレーミング」の２種類があります。

「内容のリフレーミング」は、「意味のリフレーミング」ともいい、状況はそのままにして「別の意味づけをする」ことからそう呼ばれています。

また、「状況のリフレーミング」は、ある特定の行動を起こしている環境や状況を、そのまま役に立つ場面に言い換える手法です。

まず、「内容（意味）のリフレーミング」について説明しましょう。

先の「せっかちさん」では、「せっかち」の内容（意味）を「時間管理がしっかりしてる」と言い換えるのがその例にあたります。

「昨日の晩御飯も覚えてない」と加齢による物忘れを嘆く人に、自称リフレーミングの達人なる友人が言ってくれたそうです。

「へェー、昨日の晩御飯も覚えてないの？

ブロック読みトレーニング 12

縦書き1行20文字を2、3行のブロックで読む

今度は先ほどの縦書き用1行20文字トレーニング文（178ページ）を使用して、さらにレベルの高い複数行のブロック読みトレーニングをしてみましょう。

トレーニング法

①トレーニング文を2行ずつ超高速で素早く見ていく（10秒間）

2回くり返します。

②トレーニング文を2行ずつ超高速の半速で見ていく（10秒間）

③トレーニング文を2行ずつ内容を理解できる最速のスピードで見ていく（10秒間）

一度に2行ずつ見て理解できた人は、3行のブロック読みに挑戦してください。

④トレーニング文を①〜③のステップにしたがって、3行ずつ見ていく

2行のブロック読みができるようになったら、同様のステップにしたがって3行ずつを視野に入れてトレーニングしてください。

ブロック読みトレーニング 13

横書き1行20文字を2、3行のブロックで読む

続いて先ほどの横書き用1行20文字トレーニング文（183ページ）を使用して、同様にさらにレベルの高い複数行のブロック読みトレーニングをしてみましょう。

トレーニング法

①トレーニング文を2行ずつ超高速で素早く見ていく（10秒間）

2回くり返します。

②トレーニング文を2行ずつ超高速の半速で見ていく（10秒間）

③トレーニング文を2行ずつ内容を理解できる最速のスピードで見ていく（10秒間）

一度に2行ずつ見て理解できた人は、3行のブロック読みに挑戦してください。

④トレーニング文を①～③のステップにしたがって、3行ずつ見ていく

2行のブロック読みができるようになったら、同様のステップにしたがって3行ずつを視野に入れてトレーニングしてください。

ブロックが1ページ大に広がらないときは

トレーニングの結果、1段読み、あるいは1ページ読みが可能になればいいのですが、どんなに時間をかけてトレーニングしても、上下左右の識幅が1段の文字数をクリアできない場合も出てきます、あるいは現在の自分の能力と比較して、いま以上の文字数まで識幅を広げないと読めない文章も、当然たくさん出てきます。

もちろん、さらにトレーニングを続けることによって、識幅を広げていくことができればいいのですが、いま現在の能力で自分の識幅を上回る文字数の文章をどのようにして読んでいけばいいのかを、少し説明します。

どうしても一度に読み取れるブロックの面積が1ページ大にまで広がらないような場合は、次のような読み方をします。すなわち、読み取るブロックを順番にずらしていって、最終的に全ページをカバーするという読み方です。

たとえば、新聞のあるページをコピーしたいと考えたときに、小型のコピー機では1ページすべてをコピーすることはできません。そこで、いくつかに分割してコピーをし、継《つ》ぎはぎすることによって、ページ全体をカバーするでしょう。

それとまったく同じように、192ページのⒶ↓Ⓑ↓Ⓒ↓…Ⓕと読むわけです。

ただし、この継ぎはぎのブロック読みをすると、ブロック内で意味の逆転が起きます。たとえば、Ⓐブロックの後のほうの行は、意味の順番からいくと、Ⓑブロックの前のほうよりもずっと後です。それなのに、後の部分を先に見てしまうわけですから、意味の混乱や取り違えが起きるのではないのか。

ブロック読みが可能になっていない人は、そういう疑問をもちます。

これは、次のように考えてください。

①意味の読み取りは、網膜に映った映像の文章を直接に読んで行なう従来の読み方から変化し、いったん右脳の視覚野に短期の映像記憶として転写するのです。

②その短期の映像記憶を、ちょうどコピー原稿を貼り合わせるように連結して意味の不連続点や逆転部分をなくし、順番どおりに読んでいくので、意味の混乱や取り違えは起きません。

つまり、「右脳の視覚野に転写する」という余分な工程が入るわけです。このとき、右脳が活性化していないと映像が片っ端から消滅していくので、これまで述べてきたように右脳を刺激して活性化するトレーニングが必要になるわけです。

Ⓐ～Ⓕのブロック

ゆっくり読んで理解できない本が、速読法で読んで理解できるわけがありませんし、ゆっくり読んでも一字一句の間違いなしに正確に記憶できない本が、速読法で読んでも記憶できるわけがありません。

単純に言えば、速読法とは、たとえばそれまで読破するのに3時間を要していた本が、1時間なり30分なりで読めるようになる、ということで、読み終えた本の内容については、速読法ではない普通の読み方で読んでも、記憶力の優秀な人はよく覚えているし、そうではない人はそれほどでもないでしょう。

それとほとんど同様で、記憶力が抜群の人は速読法で読んでもよく記憶しているし、記憶力の悪い人は、それなりの記憶しか残すことができません。

記憶量を増やすには「記憶術」という別のノウハウとテクニックを学ぶことが必要で、速読法だけに関していえば、要するに読書に要する時間が何分の一かに短縮されるにすぎない、ということです。

SOKU DOKU

高速で半無意識の並列処理、意識するので低速になる直列処理

前の説明で、今度は逆に、こんな疑問をもつ人が出るかもしれません。

「なんだ、頭の中では継ぎはぎ修正をして、意味の順番どおりに読んでいるのか。それだったら、やっぱり従来の読み方と変わらない直列処理なんじゃないか」

たしかにそのとおりなのですが、最も大きな違いは、その処理スピードです。

右脳の視覚野に転写された映像は、やがて消滅する短期の記憶であっても、記憶された情報であることに違いがありません。だからこそ、余分な一工程が加わっているにもかかわらず、直接それを網膜に映して見ている場合よりも格段に高速で処理することが可能になるのです。

その高速の度合いが増していくと、端から一つずつ順番どおりに処理しているという自覚が薄れて、自分自身でも「全部を同時に処理している」という感覚に変化していきます。それがすなわち、並列処理ということなのです。

このことを理解するには、ファックス送信する場合を考えてください。

ファックスの画像は細かい点の要素に分解されて、端から一つずつ順番に電話回線で直列処理で送られていきます。そういう点からいえば、直列処理の情報です。

しかし、受信先のファックスでは、もとどおりの二次元の広がりをもった画像に組み立て直され、その時点で並列処理の情報に変化します。人間の感覚でいえば、最初から並列処理の情報として送られてきたのと変わりません。

つまり、直列処理と並列処理の最も大きな違いは、前者が意識的に端から順番に処理しているのに対して、後者は同じく端から順番に処理していても、その処理スピードが高速なので、順番に一つずつという自覚がまったくないということなのです。

このように、右脳の視覚野にいったん転写してから処理する見方を日常的にしていると、その能力がしだいに発達してきます。そして、なにか発想をひねろうというときにも、論理ではなく、映像を右脳の視覚野で組み合わせて考えることができるようになってきます。

しかも、同時並行的に二つ以上の発想や思考がこなせるようにもなってきます。

ブロック読みでも、あたかも自分の頭の中に何人もの自分自身の別人格が存在し、手分けして読んだり考えたりしているような状態を経験するようになります。こういう状態をイメージして、ブロック読みのトレーニングに取り組んでください。

第6章

「マルチ脳」をつくる記憶術トレーニング

速読を身につけ、高速で回転させせながら読むことで記憶力も鍛えられます。読む力と記憶力を身につければ、頭の回転はこれまでの数倍速くなります。

SOKU DOKU

「記憶術」は現代人に必須のスキル

難関の資格試験や大学の入学試験などでは、ぼうだいな量の知識を記憶する必要があります。普段の仕事や学校の勉強でも、記憶力はとても重要です。

記憶する力、すなわち記憶力を鍛えることを、私は「記憶術」と読んでいます。この記憶術を身につけることで、会社の仕事をしながら司法試験に合格するようなことも十分に可能となるのです。**あなたの人生は記憶術を身につけることで、劇的に変わるきっかけを手に入れられるといっても過言ではありません。**

日常生活を少し変えるだけで、記憶力のアップは可能になります。負担の少ないトレーニングに、毎日少し取り組むだけです。簡単なので「記憶力アップのために努力している」という意識をもたないかもしれません。

34ページで「日本人の平均読書スピードは、分速で400字から700字」と述べましたが、大学の入試問題を解くときには、これが約1200字から1500字程度になるといわれています。ところが、偏差値が65以上の優秀な受験生になると、これが約2500字にまではね上がります。

これだけのスピードで情報を処理できる人は、それなりのトレーニング（受験勉強など）を積み、記憶術に近いものを身につけている人ということができます。

そうなれば、当然、難関試験にパスすることも可能です。有名大学に合格するだけでなく、英語の検定、会社の就職試験、司法試験などの資格試験など、頭のよさを生かしていろいろな試験を突破できるようになります。

それだけではありません。日常生活やビジネスでも記憶術は役に立ちます。

「人の名前と顔を一致させ、初対面の人の情報を完全に覚えることができる」

「仕事上で覚えなくてはならない情報を、すぐにインプットできる」

そして、なによりも、あらゆるスキルを自由に身につけられるようになることで、人生に不安がなくなり、毎日が明るく楽しくなります。

優秀な人の頭脳と、普通の人のもっている頭脳は同じです。脳の仕組みに違いはありません。誰でも科学的なトレーニングをくり返すだけで、効率よく、優秀な人と同じ頭脳を身につけことができます。ただ、その方法を知らなかっただけなのです。

SOKU DOKU

記憶を処理するメカニズム

人が何かを記憶するとき、頭の中では何が起こっているのでしょうか。

たとえば、「猫は魚が好物」という文章があります。この内容は、誰でもが知っていることですよね。

しかし、誰かから「猫は魚が好物」と教えられる前は、知らなかったはずです。生まれてから成長するどこかで、なにかの〝きっかけ〟をもとにして、私たちはこの事実を知ったわけです。

このように私たちには、

「なにかのきっかけをもとにして、知らない状態から知っている状態になる」

という流れが、どんな記憶にもあります。

そして、この両者の状態が移行するときには、脳になんからの変化が起こっているのです。しかも私たちは、その後、長期間にわたってその情報を覚えているわけですから、その〝なんらかの変化〟は、時間を超えて保たれていることになります。

この変化を「脳の可塑性《かそせい》」と呼びます。

この言葉を覚える必要はありませんが、こうした流れによって私たちは物事を記憶しているということは、しっかりと覚えておいてください。

「脳の可塑性＝脳はあるきっかけにしたがって変化を起こし、その変化を保つ性質がある」のです。

それでは、脳内でいったいなにが変化しているのでしょうか。

結論からお話しすると、脳内で変化しているのは「神経回路のパターン」です。「覚えていない状態」と「覚えている状態」の違いは、神経回路パターンの違いなのです。つまり、**「記憶するということは、神経細胞のつながり方が変化すること」**といえます。

脳の可塑性は、新しい神経回路が形成されることによって起こります。この神経回路の変化こそが、記憶の正体なのです。

世の中には「年をとったから脳が衰えた」「もう若くないから記憶力が悪い」と考えている人が多くいますが、学び続けてさえいれば、神経回路は形成されていきます。

脳の可塑性の能力は、年齢により大きく左右されるものではありません。誰もがもっていて、年をとれば低下するにしても、ゼロになることは決してありません。

SOKU DOKU

「記憶しよう」という意識の大切さ

記憶する力を鍛えるためには「記憶しよう」という意欲と同時に、記憶術をマスターすることへの好奇心も不可欠です。これがなければ、頭に入ったものがすぐに出ていってしまいます。

あなたは、職場の朝礼での上司の話や学校の先生のお説教などを聞いて、その内容をしっかりと覚えていられる自信がありますか。「ある」と答えられる人は問題ありませんが、ほとんどの人は「ない」と答えるでしょう。なぜでしょうか。

その内容に興味や好奇心、意欲をもって聞いていないからです。なんとなく聞いているため、すぐに記憶から抜けてしまうのです。

しかし、自分で「記憶しよう」と思わなくても覚えられることがあります。次の二つです。

「自分が興味のあること」「自分にとって価値のあること」

この二つについては、記憶しようと思わなくても、人は覚えることができます。アニメを見ている子どもを思い出せば、よくわかるでしょう。

子どもはなにかを覚えよう、勉強しようという意識はまるでありませんが、いつのまにかアニメのテーマソングや主人公のセリフ、ヒーローの名前などを覚えているものです。これは、子どもがそれらに興味をもっているからできたことです。

しかし、大人が見ても覚えることはできません。なぜなら、ほとんどの大人は子どもが見るアニメに興味がないからです。

それでは、もし「このアニメに出てくるヒーローの名前を全員覚えたらお金をあげるよ」といわれたら、どうでしょうか。

もちろん、お金の額にもよるでしょうが、きっと真剣に覚えようとするのではないでしょうか。そして実際に、しっかりとヒーローの名前を覚えるでしょう。

これは、その行動が自分にとって価値のあることになったからです。

一般的に、人の脳細胞は140億個あるといわれています。頭がいいと評価されている人とそうでない人で、脳細胞の数が違うということはありません。したがって、これまでくり返しお話ししているとおり、人間の記憶力にはそれほど差はないのです。

では、その差はどこから生じるのかというと、やはり意欲や好奇心があるかないか、そしてなによりトレーニングをしているか、していないかなのです。

反復することで記憶力は鍛えられる

記憶力は年齢にはほとんど関係ありません。その理由を説明しましょう。

記憶の基本は「反復」にあります。反復することで、年齢に関係なく記憶は残っていきます。

実は、忘れるということは二つの原因があって起こります。一つは生理的なもので、これは物忘れなど、時間の経過による自然な流れでの忘却です。そして、もう一つが病的なもの、認知症などに代表される脳の疾患で忘れていくものです。

これらを見分けることは簡単です。それは、食事の内容を覚えているかどうかをチェックしてみればいいのです。

もし、あなたが「最近、記憶力が下がった」と思っているのなら、今日の食事を思い出してみましょう。思い出せれば、あなたの記憶力は正常です。本当に脳の能力が下がって記憶ができなくなったのであれば、今日の食事すら思い出せないのです。

記憶の基本は反復です。この能力は脳が病気によって壊されないかぎり、年をとっても大きく低下することはありません。

たとえば、定年退職した人が円周率を何十ケタも覚えようとしたとします。時間はかかるかもしれませんが、毎日反復して読み続けることで、かなりのケタまで記憶できるようになるはずです。

学校の試験の前に、教科書の大事な部分を１回読んだだけの人と１００回読んだ人では、点数に大きな差が出ることはみなさんも納得できるでしょう。くり返し読むことで、確実に情報は記憶に残っていくのです。

こうした反復の記憶を、私は「カーボン記憶」と呼んでいます。

会社の帳票などに用いる、ボールペンなどで上から書くと下の紙に書いた文字が写る紙がカーボン用紙です。このカーボン用紙を使い、同じ文字を何度も何度もなぞると下の紙には強く書いた文字が残ります。この**カーボン記憶こそが、記憶術の大事なポイント**です。

「カーボン記憶の概念を意識して、くり返し情報を頭に取り入れる」

そうすれば、いくつになっても記憶はできるのです。

ただし、同じ反復をするにしても、右脳と左脳の両方を同時にうまく使うことができるようにしておかないと、時間が余分にかかってしまいます。

「思い出す」クセをつける

「どうしたらもの覚えがよくなるのですか」

「すぐに忘れないようにするためには、どうすればいいですか」

記憶術に関して私が話をすると、こうした質問をよく受けます。

そんなとき、私は多くの人が見落としていることをアドバイスします。

ほとんどの人は、記憶術というと覚えることばかりに注目していますが、記憶とはインプットだけではなく、アウトプットをしなければ意味がないのです。

記憶とは、「記銘→保持→想起（再生・再認・再構成など）」という流れになっていて、その後が「忘却」となります。

記銘とは、情報を覚えることです。符号化と呼ばれることもあります。

保持とは、情報を保存しておくこと。貯蔵と呼ばれることもあります。

想起とは、記憶した情報を思い出すことです。

つまり、**インプットばかりではなく、アウトプットの意識をもたなければ、記憶術**

はなんの意味もないのです。覚えることばかりに力を注いで、それを外に出すことをしなければ本末転倒です。英単語をいくらたくさん覚えても、それを話したり書いたりして実際に使わなければ、覚える意味がありません。

人は脳内物質の伝達によって考えたり、話したりすることが可能となります。その脳内物質が少ないと、脳内物質を運ぶ脳内のパイプは細いままです。このパイプを太くすることで、「頭がよくなる」と考えてください。

太いパイプは、インプットとアウトプットのくり返しでつくられます。

それでは、記憶のアウトプットとは、実際にどうすればいいのでしょうか。

学校で試験を受けたり、会社でプレゼンをしたりすることは、もちろんアウトプットです。それ以外にも、記憶したものを外に出す機会はいくらでもあります。

- 新聞を読んだあとに内容を思い出してみる
- テレビを見たあとに誰が出ていたか出演者を思い出してみる
- 名刺交換した相手の肩書きをあとで思い出してみる

なにか情報を頭に入れたら、あとでそれを思い出す習慣を身につけましょう。この習慣も記憶術を鍛えるトレーニングにつながっていきます。

くり返し読んで短期記憶力を向上させる

SOKU DOKU

私が、何回もくり返して読むという話をすると、「中身を理解しないまま、急いで読むこと」と勘違いをする人がいます。

実際は逆です。何度もくり返し、素早く読むからこそ、理解力は大幅に上がっていくのです。なぜなら、理解力と記憶力とは、実は一体になっているからです。

読んでいる内容をすぐに忘れてしまう人は、次の行にさしかかったときに前の行の内容を忘れてしまっています。そのため、次の行の意味もうまくとらえられず、文章全体の意味も理解できません。

せっかく本を読み終わったとしても、最初のほうの内容を覚えていなければ、真の理解にはつながりません。文章を読み終えたとき、最初のほうの内容を覚えていることで、はじめてすべての内容を理解できることになります。

つまり、理解力とは短期の記憶力の集合体なのです。短い時間で消えてしまう短期記憶の持続時間を長くすることができれば、理解力は確実に高まるでしょう。

くり返し本を読むということは、短期記憶を定着させる最良の方法です。

記憶力を鍛えるには、見えている対象を脳裏に焼きつけるという状況を、無理矢理にでもつくり出す必要があります。その最良の方法は、覚えるべきものを見たら、すぐにその対象を隠すことです。

①見ることを短時間行なう
②すぐに隠すことで、脳裏の残像を対象に行なう脳の処理スピードをアップさせる
③さらなる記憶が可能になる

これが、「速憶術」を身につける3ステップです。

速憶術では、素早く物事を覚えようとするために、文章を構成している文字を見る時間は短くなります。それによって、脳は短期の記憶時間を長くしようとして短期記憶力を向上させようという作用を生み出すのです。

これが、誰にでもできる記憶力を鍛える記憶術の原理です。

SOKU DOKU

速脳の第一歩＝速憶術

ここから、いよいよ記憶を強化する方法について紹介していきましょう。

文章を読むときの単位時間あたりの処理能力を伸ばすのが「速読術」です。しかし、その処理していく端から忘れてしまったらなんにもなりません。

また、従来よりもスピードを上げて読んだら、当然、記憶の保持力は衰えるはずという先入観があるため、「無意味だ」「役に立たないもの」と考えて速読術に手を出さなかった人も多いかもしれません。

そこで、速読術＋記憶力について改めて考えてみましょう。

単に片っ端から迅速に読んで処理するだけでなく、読んだ内容も記憶として頭の中にとどめておかなければならないという状況に対応できるよう、記憶力もあわせて伸ばすのが「**速憶術**」です。

速憶術の具体的なトレーニングメニューは、次のようになります。

①記憶速度の確認
②記憶保持力の確認
③識幅拡大トレーニング
④識力向上トレーニング
⑤記憶力持続強化トレーニング
⑥速憶トレーニング

この章では、これらを順に詳しく紹介することで速憶術のイメージを把握していただきます。また、速憶術のトレーニングも紹介していますので、ぜひ試していただきたいと思います。

SOKU DOKU

「記憶量」と「記憶定着回数」を測ってみよう

まず初めに、「記憶量」と「記憶定着回数」を確認します。最初にこれを確認しておかないと、トレーニングによって記憶力がどれだけ向上したのかを客観的に認識することができません。これは、速読術で最初に読書速度を確認したのと同じです。

仕事や勉強をしていて、記憶しなければならないことが多くある場合、誰でもその全部を同時に記憶できるわけではありません。たとえば、記憶すべき要素が全部で10個あったとして、一度に3個しか記憶できなければ、この3個が「記憶量」となります。

一度に3個ずつ記憶していくとすれば、10個全部を記憶し終えるには、計算上は4回の取り組みが必要となります。しかし現実には、人によっては物覚えが悪くて、5回も6回も取り組まなければ記憶できないかもしれません。これが「記憶定着回数」になります。

記憶量の確認は、次のように行ないます。

①10個の単語がバラバラに書かれたトレーニングシートを用意する
②トレーニングシートを10秒間ながめる
③本を閉じて、10個の単語のうち、覚えられた数を数える

このように10秒間でいくつ覚えられるかの記憶量を計測することを一つの基準とします。記憶定着回数の確認は、10個の単語をすべて記憶するのに要する回数をカウントします。

④トレーニングシートを10秒間ながめて、できるだけ多くの単語を覚える
⑤10秒経ったら本を閉じる。10個の単語をすべて覚えるまで、これを何回もくり返す。何度ですべて記憶できたかが、自分の記憶定着回数となる

これらの確認には、さまざまな分野の用語や単語を使って行なうことができます。

そして、第1段階では10個の単語で記憶力測定を行ない、一度で10個全部を記憶できるまで上達すれば、第2段階として20個の単語へと進んでいきます。

記憶力の強化においては、右の二つの記憶要素のうち、記憶量が増しても記憶力が強化されたことになりますし、記憶量はそのままで記憶定着回数を減らすことができても、強化できたことになるのです。要するに、単位時間あたりの記憶量を増やすということが最大のポイントとなります。

「記憶量」確認シート

下の枠内を10秒間だけながめてください。
ページを閉じて、単語をいくつ思い出せますか。その数があなたの記憶量です。

大人
羊
手袋
ドライヤー
スカート
消しゴム
かに
野球
きりぎりす
機関車

「記憶定着回数」確認シート

下の枠内を10秒間だけながめてください。

一度ページを閉じて、単語を思い出します。10の単語をすべて記憶できるまで、これを何度かくり返してください。

何度ですべて記憶できたかが、あなたの記憶定着回数です。

大学
マンドリン
双眼鏡
テニス
小だいこ
将棋
先生
テレビ
机
文庫本

SOKU DOKU

記憶保持力について知っておこう

一度完全に覚えたと思っていても、時間が経つにつれていつのまにか忘れてしまっていたというのは、よくあることです。いくら一度にたくさんの単語を記憶できても、いざ思い出そうとしても出てこないのでは、意味がありません。

そこで、自分自身の記憶保持力を計測し、時間の経過とともにどれだけの割合で覚えたことを記憶し続けることができるのかという「記憶の保持率」を知ったうえで、記憶トレーニングに取り組むことで効果を高めていきます。

記憶保持力の確認は、一度記憶した単語を頭の中に長期的な記憶として保持する能力を計測するもので、単語を記憶してから一定の時間をおいて行ないます。たとえば、20分後、1時間後、1週間後、1カ月後といった具合です。

普通は時間の経過とともに記憶保持率は逓減《ていげん》（少しずつ減少すること）していく傾向にあります。

記憶保持力の確認は、一度記憶した単語を再度見て、覚えているか、覚えていないかを個々にチェックし、保持率を割り出していきます。

19世紀の有名な実験心理学者であったエビングハウスは、記憶の保持率を忘却曲線であらわしました。それによると、あることがらを100%記憶したとしても、20分後には40%以上も忘れてしまいます。1時間後には50%以上、1週間後には60~70%、そして1カ月後には70%以上忘れてしまうそうです。

エビングハウスは「人間はなにかを完全に記憶しても、ただ記憶しただけで〝反復学習〟をしなければ、時間の経過とともに忘却の一途をたどる」といっています。

反復学習が記憶にもたらす効果としては、次のような実験報告があります。

- 3回反復した場合……記憶は一応確かなものになる
- 5回以上反復した場合……記憶は圧倒的に確実になる

忘却曲線で注目すべきは、学習直後の20分間に最も忘却の度合いが促進されるという点です。したがって、反復学習を行なうのは、時期が早ければ早いほどよいといわれており、実際に記憶を定着させるうえでも大きな成果が得られます。

ん

ん

左脳記憶トレーニングと右脳記憶トレーニング

記憶術のトレーニングには、大きく分けて左脳を使ったトレーニングと右脳を使ったトレーニングがあります。

左脳を使ったトレーニングとしては、先ほど紹介したメニューになります。

①識幅拡大トレーニング
②識力向上トレーニング
③重要語句理解トレーニング
④速憶トレーニング
⑤記憶力持続強化トレーニング

一方、右脳を使ったトレーニングとしては、次のものがあります。

①イメージトレーニング
②分野別イメージ法

③多次元（全脳化）による記憶力の増加

右脳を使った記憶術トレーニングの特徴は、なんといっても右脳のもつ「イメージ力」を活性化し、強化していく点にあります。

なにかを頭の中でイメージすることが苦手な人に共通していることは、イメージするうえで絶対に不可欠な色と形に対する情報が乏しいということです。したがって、まずはさまざまな種類の色と形を脳にインプットし、イメージ力をつけることからトレーニングを始めます。

ただし、この右脳を使った記憶力トレーニングを紹介するには、それだけで本1冊分を必要とします。そこで本書では、記憶力を鍛える基礎トレーニングとなる左脳を使ったトレーニングだけを紹介させていただきます。

①の識幅拡大トレーニングと②の識力向上トレーニングは、すでに第3章で説明済みなので、おおよそは理解していただいていると思います。①のトレーニングは目から入ってくる情報、とくに文字情報を一度に認識できる幅を拡大していくものです。

そして、②のトレーニングは目から入ってくる複数の文字情報を処理する速度を高めることが目的です。

左脳速憶術トレーニング

重要語句理解トレーニング

これはさまざまな分野の用語を学習し、記憶するトレーニングです。

学生なら、英語、数学、国語をはじめとする各教科の勉強に必要な単語や用語を覚えるうえで、社会人の場合は、各種資格試験や専門分野の勉強をするのに必要な重要語句を学習し、記憶するためのトレーニングです。

この重要語句理解トレーニングは、「用語の学習」と「理解度チェック」のトレーニングメニューに分かれています。

「用語の学習」では、まず自分が学習したい分野の重要語句とその意味が載っている本や参考書などを用意します。全部の重要語句を一気に学習しようとすると無理が生じるので、100語から200語ずつのグループに分けていきます。これは1回の学習で、とにかく最後までやり通せる分量が望ましいからです。

そして、その中の一つのグループだけを、まず勉強していきます。

「理解度チェック」は、学習した重要語句の意味の部分を隠すようにして、その語句の意味が、すぐに頭に思い浮かぶようなら「理解している」、もしそうでないなら「理解していない」ということになり、理解度を確認していきます。

このとき学習した全体の用語数、理解できた用語数とその割合を記録してください。記憶術のトレーニングを行なっていくにつれ、その数字の変化を追っていくことによって記憶力の向上を体感できるからです。

理解度チェックで、理解できなかった用語には印をつけておき、それだけをもう一度学習します。そして学習した用語をふたたび理解度チェックをし、なおも理解あるいは意味を記憶していない用語については、自分にとって非常に難易度が高い用語であるといえるので、それだけをリストアップして学習してもいいし、あるいは前回と同様に学習を行ない、完全に記憶できるまで学習と理解度チェックをくり返してもいいでしょう。

また、こうした左脳的な記憶法では、自分にとって覚えるのがむずかしい難易度の高い用語については、イメージ力を生かした右脳的な記憶法に取り組むことによって、記憶しやすくなることも考えられます。

左脳速憶術トレーニング

速憶トレーニング

これは、速読を活用した記憶術をトレーニングするもので、「簡易速読」と「簡易速憶」という2段階で行ないます。

記憶速度に対する基本的な考え方として大切な点は、記憶速度が読書速度を上回ることはできないということです。文字を読む速度が遅ければ、当然、単位時間あたりの記憶量がそれを上回ることは不可能なのです。だからこそ、速読術の基礎的なトレーニングを行ないます。

目標数値は分速で2000〜4000文字（日本人の平均の5倍ないし10倍）程度としますが、第3章からの速読術のトレーニングを積み重ねていれば、このレベルはクリアできていることと思います。

記憶術に必要な簡易速読では、リアルタイムで読んだ内容が理解できればＯＫで、記憶として後々まで保持することを意識する必要はありません。

ただし、もちろん読んだ片っ端から忘れていき、読み終えた段階で他人に説明することはおろか、自分でもなにを読んだのかまったく記憶が定かでないような読み方は駄目です。ある程度の短期の記憶力は保持されていなければなりません。

短期の記憶力というのは、このように本を読んでいて、文章内容はきちんと把握して読んでいるが、どんどん新しい文章を読み進んでいくと、以前の記憶の上に新しい記憶が上塗りされた状態になり、次第に以前の記憶が希薄になっていく、しかし全体のストーリー展開や人物関係など、必要度の高い情報に関してはかなり後々まで記憶が維持されるというような、どんどん抜け落ちていくタイプの記憶のことをいいます。

これに対して中期の記憶力というのは、物語を1冊読み終えたときに、部分的には記憶が次々と更新され、脱落していっているけれど、全体的にはなんらかの漠然としたイメージが残っている、そういうタイプの記憶です。

このタイプの記憶は、小説などを気分転換などの目的で読んだ場合には十分ですが、評論家のような職種の人が読後に論評をまとめたり、他人に対して正確に解説したりするには不十分です。

また、受験生が受験に際して覚え、保持する知識に関しても、このようにあいまいな状態の記憶では困ってしまいます。

後々の役に立つタイプの記憶というのは長期の記憶力で、これは必要に応じて、細部まで相当に克明に思い出せなければなりません。

人間の大脳では、情報を伝達する神経回路を何度も情報が流れます。そして、このことによって神経の連絡点であるシナプスの電位が変化をして、低い閾値《いきち》（個々の神経細胞が神経電流を流すための最小値）でも大脳が十分に反応する（大きなエネルギーを使わなくても思考・発想・記憶などが可能になる）ようにしなければなりません。

この強化のためにも、この段階で簡易速憶のトレーニングを行ないます。

トレーニング法としては、直列と並列の2形式で行ないます。

直列というのは、一度に1個の概念しか出てこないけれど、それが上書きのようにして次々に新しい概念に取って代わられると、1個前、あるいは2個前に出てきた概念に関しては思い出せても、新しい概念が増えるほど古い概念はあいまいになり、ついにはまったく思い出すことができないほど記憶が希薄になります。

この希薄になっていくペースは個人差が大きく、かなり以前のものまで記憶していられる人もいれば、その保持力が弱い人もいます。

並列というのは、複数の概念を同時に表示し、そのできるだけ多くを素早く読み取ると同時に記憶にとどめるというトレーニングです。つまり、並列的に異なった分野の学習を可能にしていこうというものです。

　この簡易速憶のポイントは、1平面上に複数分野の情報を高速的に表示し、これまで一つずつの情報しか記憶できなかった習慣を切り替えるトレーニングを行なうことです。

は

は

左脳速憶術トレーニング

記憶力持続強化トレーニング

マラソンで平均で100メートルを20秒のペースで走れるランナーがいるとしても、最初から最後までイーブンペースで走れるわけではありません。疲労などの理由によってペースが落ちてくる箇所が必ずあります。

実は、記憶の持続力も同様なのです。ただしこれは、長期の記憶が中期タイプになってしまうとか、中期の記憶が短期タイプになってしまうという意味ではありません。

最初に記憶速度の確認として記憶量と記憶定着回数をチェックしました。たとえば、記憶作業に取り組み始めた当初は一度に5個ずつの記憶が可能だったとして、当分はそのペースが維持できても、どこかの時点で3個になったり、2個になりはじめるのです。

その傾向が見えはじめるときまでが、その人にとっての記憶持続力となるわけで、要するに記憶力のスタミナのような概念と受けとめてください。

このスタミナをトレーニングによって強化していくのが、この記憶力持続強化トレーニングの目的で、「持続力の確認」「スピードを一定にしての持続強化トレーニング」「記憶数を一定にしての持続強化トレーニング」の三つに大別されます。

まず「持続力の確認」は、一定語数の単語を一定時間見て、記憶できた語数を記録するという作業をくり返し行ない、何回めまで同じ割合で記憶することができるかという記憶力の持続回数を計測していきます。

一つの基準として、10個の単語を10秒間見て、確認を行なってください。

「スピードを一定にしての持続強化トレーニング」とは、記憶時間を一定にして、表示される単語数を増減させ、記憶できる語数を増やしていくトレーニングです。

たとえば、トレーニング前の確認で5個の単語を一定回数記憶することができた人の場合、自分のレベルに合わせて、まず最初は5個の単語を10秒間見て記憶する。次にレベルを上げて、10個の単語を10秒間で記憶できるかどうかやってみます。

おそらく最初の2倍の語数をすぐに全部記憶してしまえる人はいないでしょうから、今度は7個に減らして行ない、それぞれの記憶語数を記録します。

あるいは、まず初めに10単語を10秒間見て記憶できた単語数を記録して、次に語数を20単語に増やして、同じく10秒間での記憶語数を記録し、続いて15単語で10秒間行なった結果を記録していきます。
このようなことをくり返しトレーニングしていきます。

このトレーニングは、かぎられた時間内により多くの文字情報を記憶する能力を向上させるもので、識幅の拡大、単位時間あたりの記憶量の増加によって促進されます。

「記憶数を一定にしての持続強化トレーニング」とは、一度に表示される単語数のほうを一定にしておき、表示時間を短くして、同じ数の単語を記憶する能力を養成するトレーニングです。

たとえば、訓練前に7個の単語を一定回数記憶できた人の場合、まず7単語を10秒間で、次に5秒間で、続いて7秒間で行ない、それぞれの記憶語数を記録します。あるいは、最初から10単語を基準にし、10秒間でいくつ記憶したかを記録し、今度は同数の単語を5秒間で行ない、続いてこれを7秒間で行ない、それぞれの記憶語数を記録します。このトレーニングは、一定数の文字情報を、より素早く記憶する能力を向上させるもので、識力の向上、単位時間あたりの記憶量の増加が促進されます。

陸上競技におけるインターバル・トレーニングと同様に、こうした二つのトレーニングを、交互にあるいは反復して行なうことによって、記憶の持続力を強化していくことが可能になるのです。

エピローグ

これからの能力開発の可能性

それでは最後に、速脳術を中心とした今後の能力開発の展望を述べて、本書を締めくくることにします。

テレビがモノクロだった時代、大多数の人が見る夢はモノクロであったけれど、カラーテレビが普及していくにしたがって、色つきの夢を見る人が増えたという実話があります。実は色つきの夢を見るということは、右脳が活性化された一つの兆候なのです。

また、テレビは複数の画面を同時に見ることが可能なマルチビジョンなど高機能化が進んでいます。多チャンネル化、多画面化になると情報を同時並列に処理する能力が必要になってきます。

さらには、一度に複数の人が話している音声を同時に聴き取る「多聴」の能力も求められてきました。

現在、私も協力して進学塾でマルチ脳を使った勉強法を実践しています。

たとえば、生徒はモニターのビデオ映像を3倍速で再生することで、学習時間を普通の人の3分の1に短縮することが可能になっています。

あるいは、3画面を同時に映し出せるモニターを使って、一度に3人の講師の講義を学習することもできます。英語、数学、国語の3教科を一度に覚えていくのです。まさに誰もが聖徳太子並みの能力を身につけることができるのです。

これは、受験生だけはなく、資格試験の勉強や語学の修得にも活用可能です。英語、フランス語、スペイン語の3カ国語を同時に聴いてマスターしたり、資格試験の専門教科の講義を3倍速で再生して、学習時間を短縮することができます。

もはやそうした学習方法が常識となる時代が目の前に迫っているのです。私たちがそうした時代に対応していこうとすれば、まずは速脳術の中の「速読術」と「速聴術」をマスターしておかなければなりません。

つまり、速読能力によって、複数多分野の視覚情報をとらえて理解すると同時に、速聴能力によって、複数多分野の聴覚情報を聴き分けられるようにしていくのです。

こうした面での能力開発は、現在の教育形態にも変化をもたらすと私は考えています。

現在は一人の先生が複数の生徒を教える一対多型の教育システムが大多数ですが、

一人あるいは複数の生徒が、同時並行で複数教科の学習を受講できるようになり、結果としてさらに幅広い分野の学習を行ない、さまざまな知識や技能を修得していくことが可能になるのです。

このことは、子供たち自身に人生の早い時期に浅く広くさまざまなことがらについて学習し、経験する機会を提供していくことになります。そして、その中から自分に与えられた可能性と才能を見出し、人生に対して積極的なとらえ方ができるようになるでしょう。

人は与えられた知識と情報の中から、さまざまなことを思考し、行動しています。それならば、より多くの知識や情報を得ることによって、これまでのような行きあたりばったり的な考え方ではなく、より精度の高い、正しい思考ができるようになるはずです。

このような多分野学習法は、個人にとって学習できる分野を豊富にし、それらを学習していくことによって、一方向からの偏った考え方ではなく、より自由な、より多方面からの考え方ができるようにしていこうというものです。

また、学校などの教育設備が整っていない国にあっても、独学できる態勢を整えることによって、自由にさまざまな分野の知識を学習することが可能になります。

多分野学習法は無限に成長していく学習法であり、技術の促進に伴い、スマートフォンやタブレットなどさまざまな機材を使った学習方式が今後も開発され、活用されていくことでしょう。

こうして情報を頭脳にインプットしていく能力が加速化されていくと、当然それらの情報をもとに分析し、思考し、再構築するなどして、アウトプットしていく能力も加速していくことが可能になるのです。

本書が、読者のみなさんの今後の能力開発におけるよき指針となれば幸いです。

3MINUTES

速読・記憶力を高めることに興味のある方は、「新日本速読研究会」のホームページ上(http://www.unou-jp.com)、または「ソクノー速読」で検索することで、7分トレーニング(無料)をご利用いただけます。

川村明宏（かわむら　あきひろ）
速読法・多分野学習法などの開発創始者、速脳理論の提唱者。大学・研究機関ほか講演を多数行う。40年以上にわたり研究開発を行っており、ベストセラー『頭がよくなる速読術』など関連著書は100冊以上。任天堂DS、ソニーのゲームソフトも多数。海外での普及及び提携活動も行い、eyeQ（英語版速読）は現在アメリカ国内シェアのナンバーワンとなっている。速脳・速脳速読・速脳速聴の商標や日本・米国・中国で速読術等の特許を多数取得。日本ペンクラブ会員、速脳研究会会長、新日本速読研究会会長、教育学博士、名誉情報工学博士。

川村真矢（かわむら　しんや）
幼い頃より川村式ジョイント速読法の訓練を受け、長年速読講師を務める。その後、ITベンチャー企業に勤務した後、速読メソッドを応用したSOKUNOU®を開発。1日7分間のトレーニングで速読能力、記憶力を向上させ学習能力を底上げする総合学習システムを個人、企業、教育事業者向けに提供。新日本速読研究会・川村速脳開発協会、海外事業の運営を行うソクノー株式会社 代表取締役社長。

・新日本速読研究会（03-3525-8373）
https://www.unou-jp.com
・ソクノー株式会社
https://www.sokunou.co.jp

頭《あたま》の回転《かいてん》が速《はや》くなる
速読《そくどく》×記《き》憶術《おくじゅつ》トレーニング

2015年 3月 1日　初版発行
2018年10月20日　第6刷発行

著者　川村明宏 ©A.Kawamura 2015
　　　川村真矢 ©S.Kawamura 2015
発行者　吉田啓二

発行所　株式会社日本実業出版社　東京都新宿区市谷本村町3－29 〒162－0845
大阪市北区西天満6－8－1 〒530－0047
編集部 ☎03-3268-5651
営業部 ☎03-3268-5161
振替 00170－1－25349
https://www.njg.co.jp/

印刷／厚徳社　製本／共栄社

この本の内容についてのお問合せは、書面かFAX（03－3268－0832）にてお願い致します。
落丁・乱丁本は、送料小社負担にて、お取り替え致します。

ISBN 978-4-534-05262-9 Printed in JAPAN